BIBLIOTHÈQUE NATIONALE

CATALOGUE

DE LA COLLECTION

DE

MANUSCRITS ORIENTAUX

ARABES, PERSANS ET TURCS

FORMÉE PAR

M. CHARLES SCHEFER

ET ACQUISE PAR L'ÉTAT

PUBLIÉ PAR

E. BLOCHET

Sous-Bibliothécaire au Département des Manuscrits.

PARIS

ERNEST LEROUX, ÉDITEUR

28, RUE BONAPARTE, 28

1900

CATALOGUE

DE LA COLLECTION

DE

MANUSCRITS ORIENTAUX

DE M. CH. SCHEFER

IMP. ORIENTALE A. BURDIN ET Cⁱᵉ, A ANGERS

Imprimeurs du Ministère de l'Instruction publique et des Beaux-Arts.

BIBLIOTHÈQUE NATIONALE

CATALOGUE

DE LA COLLECTION

DE

MANUSCRITS ORIENTAUX

ARABES, PERSANS ET TURCS

FORMÉE PAR

M. CHARLES SCHEFER

ET ACQUISE PAR L'ÉTAT

PUBLIÉ PAR

E. BLOCHET

Sous-Bibliothécaire au Département des Manuscrits.

PARIS

ERNEST LEROUX, ÉDITEUR

28, RUE BONAPARTE, 28

1900

AVERTISSEMENT

La collection de manuscrits orientaux formée dans le courant de ce siècle par M. Charles Schefer, membre de l'Institut, administrateur de l'École des Langues orientales vivantes, constitue l'un des plus importants accroissements qu'aient reçus les fonds orientaux de la Bibliothèque nationale depuis plus de deux siècles. Non seulement les exemplaires qui la composent se recommandent par leur antiquité, leur perfection ou leur rareté, mais plusieurs d'entre eux contiennent des traités de la plus haute importance historique qu'on chercherait en vain dans les bibliothèques européennes et qui même sont restés ignorés des bibliographes orientaux.

Les hautes fonctions que M. Schefer exerça dans le monde musulman, depuis le moment où il fut nommé premier drogman de l'Ambassade de France à Constantinople (1849) jusqu'au jour où il quitta le service actif du Ministère des Affaires étrangères pour occuper à l'École des Langues orientales vivantes la chaire d'Étienne Quatremère (1857), lui ouvrirent bien des portes qui seraient restées fermées pour tout autre que lui[1].

1. Pour plus de détails sur la carrière politique et scientifique de M. Schefer, voir Henri Cordier, *Charles Schefer*, Préface de *Vasque de Gamme* (Paris, 1898, in-8°); la *Notice sur la vie et les travaux de M. Charles Schefer*, par

Les éminents services qu'il rendit au moment de la guerre de Crimée à l'état-major des armées combinées furent aussi appréciés par le sultan Abd-el-Médjid que par l'empereur Napoléon III; comme témoignage de l'estime particulière dans laquelle il le tenait, le successeur des khalifes offrit à M. Schefer de choisir dans la riche bibliothèque du Sérail plusieurs des manuscrits qui y étaient alors conservés. Par un sentiment de discrétion qu'il est difficile de ne pas éprouver en pareil cas, M. Schefer crut que le moyen de reconnaître cette insigne faveur était de ne pas choisir les merveilleux Livres des Rois, les Divans de Hafiz, de Baïkara, de Férid ed-Dîn, qui sont les perles de cette collection unique, cependant les quelques ouvrages qui sont ainsi entrés dans sa bibliothèque ne comptent pas parmi les moins précieux.

On jugera mieux de la valeur de cette collection[1] qui comprend 791 volumes, dont 276 arabes, 276 persans et 239 turcs, par la lettre que le président de la Société asiatique, M. Barbier de Meynard, adressa, quelques mois après le décès de M. Schefer, le 21 juillet 1898, à M. L. Delisle, administrateur-général de la Bibliothèque nationale, pour lui en signaler l'importance :

M. Bouché-Leclercq (Paris, 1899, in-4°); sur l'importance de ses collections de livres imprimés et d'objets d'art, le *Catalogue de la Bibliothèque orientale de feu M. Charles Schefer* (Paris, 1899, in-8°) et *Catalogue des objets d'arts et de curiosité, orientaux, chinois et européens, tableaux et dessins* (Maunheim, juin 1898); et H. Cordier, *La Collection Charles Schefer*, dans la *Gazette des Beaux-Arts* (1er septembre 1898, in-8°). On trouvera la description des miniatures des manuscrits persans et turcs de la Collection Schefer dans la *Revue des Bibliothèques,* numéros de mai-juin 1900 et suivants.

1. M. Schefer avait fait rédiger un inventaire très sommaire des manuscrits de sa collection par M. Lambrecht, secrétaire de l'école des Langues Orientales vivantes; les fiches de ce catalogue étaient reliées en six carnets oblongs. Dans les derniers mois de l'année 1898, Mme Schefer fit rédiger un catalogue plus détaillé de cette collection; la partie arabe fut décrite par M. E. Benoist, les parties persane et turque par l'auteur du présent ouvrage. Ce catalogue est resté la propriété de Mme Schefer et je n'ai pu lui faire que très peu d'emprunts.

SOCIÉTÉ ASIATIQUE
DE PARIS
Fondée en 1822
~~*~~

Paris, le 21 juillet 1898.

Monsieur l'Administrateur-général et cher Confrère,

Dès le lendemain de la mort de M. Schefer, administrateur de l'École des Langues orientales vivantes et l'un des plus éminents représentants de l'orientalisme en France, la Société asiatique, dont j'ai l'honneur d'être le président, s'est préoccupée du sort de la magnifique collection de manuscrits arabes, persans et turcs réunis par les soins de notre regretté confrère.

Cette collection, vous le savez, est sans rivale en Europe. Formée avec une rare persévérance et un goût infaillible par un savant qui joignait à la passion des livres la connaissance approfondie des principales langues de l'Orient moderne, elle est le fruit de recherches poursuivies sans interruption, pendant près d'un demi-siècle, en Égypte, en Syrie, dans l'Empire ottoman, la Perse et l'Inde musulmane.

M. Schefer se trouvait d'ailleurs dans des conditions particulièrement favorables et qui se présenteraient difficilement aujourd'hui. Le poste considérable qu'il occupa pendant de longues années près l'Ambassade de France à Constantinople, ses relations avec les autorités locales, avec les savants et les amateurs indigènes, les informations précises qu'il recueillait de toute part, l'habileté avec laquelle il savait vaincre le fanatisme et les préjugés des uns, flatter la vanité et l'amour du gain chez les autres, toutes ces circonstances heureusement ménagées lui ont permis de former un tout dont la valeur intrinsèque n'a d'égale que la beauté d'exécution.

La collection se compose d'environ 700 manuscrits qui renferment 1160 ouvrages différents. Permettez-moi, Monsieur l'Administrateur-général, sans entrer dans le détail, de vous en présenter une vue d'ensemble.

Ce sont, comme j'avais l'honneur de vous le dire en commençant, les trois principales langues de l'Orient, l'arabe, le persan et le turc, qui la constituent. Toutes les sciences en honneur chez les musulmans y sont représentées : le Coran, les traditions, la jurisprudence, l'histoire, la géographie, les voyages, la littérature proprement dite, prose et vers, y figurent par les œuvres les plus estimées, dont plusieurs n'étaient connues que de nom ou à l'état fragmentaire. Dans chacune de ces catégories se trouve un certain nombre de manuscrits, d'une beauté remarquable, où le talent du miniaturiste et du calligraphe atteint la dernière perfection.

Le fonds *arabe* comprend 406 ouvrages, dont je citerai quelques numéros pris parmi les plus importants : Un fragment du *Kamil et-tewarîkh*, célèbre chronique arabe, copiée du vivant et probablement sous les yeux de l'auteur ; — Deux volumes de l'*Histoire de Bagdad*, par Ibn el-Khatib ; — Une Chronique d'Aden et l'*Histoire de Zebid*, deux ouvrages introuvables ; — Une collection de traditions avec gloses en langue djagataï. Parmi les manuscrits ornés : Les *Séances de Hariri* avec de merveilleuses miniatures ; c'est la perle de la collection ; — Plusieurs fragments du Coran en écriture coufique ; — Un Coran et un livre de prières de la main de Yacout, le plus célèbre des calligraphes arabes ; — Un traité de Zamakhshari, admirablement illustré de figures, arabesques, frontispices, etc., exemplaire ayant appartenu au khalife Moslançar-Billah.

Parmi les manuscrits *persans*, qui forment 404 ouvrages différents, il faut signaler pour leur importance littéraire ou leur rareté : *L'Histoire des Seldjoukides*, par Rawendy ; — La quatrième partie du *Tarîkhi-Rachidi*, qui n'existe nulle part complet ; — Les poésies de Baba Loury, en dialecte du Louristân ; — Le poème de *Yousouf o Zuleïkha*, par Firdousi ; — Une ancienne épopée persane intitulée *Guerschasp-naméh* ; — L'*Atech-Kedeh* de Loutf Ali, collationné sur le manuscrit de l'auteur ; — Un recueil de pièces diplomatiques de l'époque des Seldjoukides d'Asie-Mineure. — Dans le même fonds l'art oriental est représenté par un *poème de Djâmi* et par une *Histoire des Prophètes*, deux manuscrits richement ornés, ayant appartenu à un sultan mongol ; plusieurs divans ou poèmes enrichis de fines miniatures et d'encadrements d'un goût parfait.

Le fonds *turc* se compose de 350 ouvrages, dont 64 en turc oriental. A signaler : *Essa'd efendi, Voyage de Sultan Mahmoud en Roumilie*, texte révisé par l'auteur ; — Une *Histoire des Seldjoukides* de Perse et d'Asie-Mineure ; — *L'Histoire des princes du Karabagh*. — Le *Khitay-naméh* ou histoire de la Tartarie chinoise. — Le *récit de l'expédition de Barberousse* à Toulon.

Vous pouvez juger, Monsieur l'Administrateur-général, par la courte description, qui précède, de la richesse de cette collection et de son importance, non seulement pour les travaux d'érudition, mais dans une large part aussi, pour l'histoire de l'art oriental. La Société asiatique m'a chargé d'appeler votre attention sur le réel intérêt qu'il y aurait à ce qu'un tel ensemble de chefs-d'œuvre fût conservé à la France et trouvât sa place à la Bibliothèque nationale dont il enrichirait considérablement les fonds orientaux.

Si un regrettable concours de circonstances nous a enlevé, il y a quarante ans, la belle collection d'Étienne Quatremère au profit de la Bibliothèque royale de Munich, nous avons toute confiance aujourd'hui dans la libéralité éclairée du Parlement : nous espérons fermement qu'il ne permettra pas qu'une collection si admirablement formée par un savant français soit dispersée au hasard des enchères pour aller accroître les bibliothèques étrangères, ou garnir les vitrines d'amateurs indifférents aux véritables intérêts de la science et de l'art. C'est à vous, Monsieur l'Administrateur-général, qu'il appartient de défendre cette cause qui est aussi celle de la Bibliothèque nationale. Je la remets entre vos mains avec la conviction que vous voudrez bien la soutenir énergiquement auprès de M. le Ministre de l'Instruction publique et des Beaux-Arts, dont le concours en cette circonstance ne saurait vous faire défaut.

Agréez, etc.

A. BARBIER DE MEYNARD,
Membre de l'Institut,
Président de la Société asiatique.

M. L. Delisle, administrateur-général de la Bibliothèque nationale, s'était depuis longtemps déjà préoccupé d'assurer au dépôt confié à ses soins une aussi importante collection. Aussi des négociations bientôt entamées ne devaient pas tarder à aboutir et, dans le courant de l'année 1899, les héritiers de M. Charles Schefer faisaient déposer à la Bibliothèque nationale l'ensemble de ses manuscrits orientaux. Quelques mois après, M. G. Leygues, ministre de l'Instruction publique, secondé par M. L. Liard, directeur de l'Enseignement supérieur, obtenait des Chambres le vote d'une loi de finances, promulguée le 25 décembre 1899, qui assurait à la France et à nos collections nationales cet incomparable ensemble de manuscrits, recueillis par un de nos compatriotes, véritables trophées pacifiques, dont la possession augmentera singulièrement notre patrimoine littéraire et fournira un nouvel et précieux aliment à l'activité de nos orientalistes [1].

1. Les manuscrits orientaux de la Collection Schefer ont été répartis, suivant la nature de leur langue, dans trois des fonds orientaux de la Bibliothèque nationale et ont reçu les numéros 5816 à 6090 du fonds *Arabe*, 1303 à 1578 du *Supplément persan* et 957 à 1194 du *Supplément turc*.

MANUSCRITS
ARABES, PERSANS ET TURCS

DE LA

COLLECTION SCHEFER

I

MANUSCRITS ARABES

N°s 5816 à 6090

5816.

القرآن. Le Koran.

Manuscrit de luxe daté de 974 H. (1567 J.-C.), copié par Mohammed ibn Shems ed-Din el-Kari. 245 feuillets. 29 sur 20 centimètres. Neskhi à encadrements et frontispice. Reliure maroquin brun doré. (Schefer, A. 1.)

5817.

الوجه الجميل من علم الخليل. Traité de prosodie en vers, par Abou Saïd Shaaban ibn Shems ed-Din Abou Abd Allah el-Athiri el-Karshi.

Manuscrit daté de 826 H. (1423 J.-C.). 63 feuillets. 30 sur 20 centimètres. Bon neskhi avec titre orné. (Schefer, A. 2.)

5818.

1° سيرة الجراكسة وما وقع بينهم مع السلطان سليم. Histoire de l'Égypte sous les derniers Tcherkesses, par Mohammed el-Zanbali el-Rammal.

2° تاريخ مدّة ولاية الملك الظاهر محمود شاه بيبرس. Panégyrique du sultan mamlouk Beïbars, par Abou Mohammed Mahmoud Ahmed Aïni.

Manuscrit daté de 1265 H. (1849 J.-C.). 82 feuillets. 30 sur 19 centimètres. Bon neskhi. (Schefer, A. 3.)

5819.

كتاب العبر فى خبر من عبر. Annales du monde musulman rédigées surtout au point de vue égyptien depuis l'année 1 jusqu'à l'année 740 H. (1332 J.-C.), par Shems ed-Din Abou Abd Allah Mohammed el-Dhehebi († 748), avec une continuation jusqu'en 786 H. (1384 J.-C.).

XVII° siècle. 178 feuillets. 30 sur 19 centimètres. Neskhi. (Schefer, A. 4.)

5820.

Les cent paroles d'Ali, avec traduction persane.

Manuscrit daté de 872 H. (1467 J.-C.). 28 feuillets. 31 sur 18 centimètres. Nestalik. (Schefer, A. 5.)

5821.

قرة العيون بإخبار اليمن الميمون. Histoire du Yémen depuis Mahomet jusqu'à la chute des Tahirites, par Wudjih ed-Din Abd er-Rahman ibn Ali el-Daiba el-Sheïbani († 944 H.).

Manuscrit daté de 1077 H. (1666 J.-C.). 74 feuillets. 29 sur 20 centimètres. Neskhi. (Schefer, A. 6.)

5822.

كتاب صفة جزيرة العرب. Description de l'Arabie, par Abou Mohammed Hasan ibn Ahmed ibn Yakoub el-Yéméni († 334 H.).

XIXe siècle 196 feuillets. 30 sur 19 centimètres. Neskhi. (Schefer, A. 7.)

5823.

روضة الناظر للسلطان الملك الناصر. Histoire de l'Islam dédiée par Ali ibn Abou Bekr ibn Ali al-Nashiri au sultan d'Égypte Melik el-Naser en 806 H. (1403 J.-C.).

XVIIIe siècle. 214 feuillets. 29 sur 20 centimètres. Neskhi. (Schefer, A. 8.)

5824.

ذكر مدينه صنعا. Description de la ville de Sanaa dans le Yémen, par Abou 'l-Abbas Ahmed ibn Abd Allah el-Razi.

Manuscrit daté de 1132 H. (1720 J.-C.). 102 feuillets. 31 sur 21 centimètres. Neskhi. (Schefer, A. 9.)

5825 *et* 5826.

العقد الفريد فى تاريخ والادب الشديد. Anthologie philologique, historique et poétique composée par Ahmed ibn Mohammed ibn Rabbihi (ربه) el-Andalousi († 328 H.).

Manuscrit daté de 1272 H. (1855 J.-C.) copié par Mohammed el-Nafi ibn Mohammed el-Thib ibn Mohammed el-Arab el-Shérif el-Zouï. 264 et 299 feuillets. 30 sur 20 centimètres. Écriture maghrébine. (Schefer, A. 10, A. 10 *bis.*)

5827.

تحفة ذوى الالباب فى مَن حَكَمَ بدمشق من الخلفا والملوك والنواب. Histoire des souverains et des officiers qui ont gouverné à Damas jusqu'en 760 H., par Salah ed-Din Khalil ibn Aïbek el-Safadi († 764).

Manuscrit daté de 795 H. (1393 J.-C.) par Mohammed ibn Soleïman el-Azraï 228 feuillets. 30 sur 21 centimètres. Neskhi. (Schefer, A. 11.)

5828.

نفح الطيب من غصن الاندلس الرطيب وذكر وزيرها لسان الدين

ابن الخطيب. Histoire de l'Espagne et en particulier du vizir Lisan ed-Din ibn el-Khatib, par Ahmed ibn Mohammed el-Makkari († 1041).

Manuscrit daté de 1079 H. (1688 J.-C.). 479 feuillets. 31 sur 19 centimètres. Neskhi. (Schefer, A. 12.)

5829.

جمهرة الأنساب. Généalogie des tribus arabes, par Abou Mohammed Ali ibn Hazem el-Daheri († 456 H.).

XIX⁰ siècle. 167 feuillets. 30 sur 21 centimètres. Écriture maghrébine. (Schefer, A. 13.)

5830.

خلاصة الاثر فى اعيان القرن الحادى عشر. Dictionnaire biographique des personnages célèbres du xi⁰ siècle de l'hégire, par Mohammed Amin ibn Mohibb ed-Din el-Shami († 1111 H.).

Manuscrit copié en 1175 H. (1761 J.-C.) par Mohammed ibn el-Tabbakh. 412 feuillets. Neskhi. (Schefer, A. 14.)

5831.

كتاب الالى المضية. Troisième volume d'une Histoire du Yémen (859-1033 H. = 1454-1643 J.-C.), par Shems ed-Din Ahmed ibn Mohammed ibn Salah el-Sharki.

XVIII⁰ siècle. 410 feuillets. 30 sur 20 centimètres. Neskhi sans points. (Schefer, A. 15.)

5832.

تاريخ اليمن 1°. Histoire du Yémen, par Shems ed-Din Ali ibn el-Hasan el-Khazradji († 812).

2° احسن السلوك فى نظم فى ولى مدينة زبيد من الملوك. Histoire en vers de la ville de Zébid, par Abd el-Rahman ibn Ali ibn Daïba († 944 H.).

3° كتاب فصول المهمة فى معرفة الائمّة. Traité des Imams, par Nour ed-Din Ali ibn Mohammed ibn el-Sabbagh el-Malaki († 855).

Manuscrit daté de 1140 H. (1727 J.-C.). 179 feuillets. 31 sur 21 centimètres. Neskhi. (Schefer, A. 16.)

5833.

1° جمهرة اشعار العرب فى الجاهلية والاسلام. Recueil de poésies anté-islamiques et islamiques, par Abou Zeïd Mohammed ibn el-Khattab el-Kourashi († 170 H.).

2° ذكر سيرة العرب. Histoire anté-islamique des Arabes.

Manuscrit daté de 1211 H. (1796 J.-C.). 195 feuillets. 30 sur 20 centimètres. Neskhi. (Schefer, A. 17.)

5834.

1° تقويم البلدان. Traité de géographie, par le prince de Hamah, Melik el-Mouvayyad Abou 'l-Féda Ismaïl ibn Ali.

2° ثمرة الفواد المحدث عن المراد فى البواطن الآكاد. Traité de divination, par Abou Saïd Tarabolosi.

XVIIIe siècle. 119 feuillets. 32 sur 21 centimètres. Neskhi. (Schefer, A. 18.)

5835 et 5836.

غرر الحسان فى اخبار ابنا الزمان. Histoire du Liban depuis Mahomet jusqu'à 1234 H. (1818 J.-C.).

Manuscrit daté de 1861 J.-C. 236 et 134 feuillets. 28 sur 19 centimètres. 35 sur 22 centimètres. (Schefer, A. 19.)

5837.

مجموع مبارك. Recueil de traditions, de prières, d'invocations et de présages.

XVIe siècle. 126 feuillets. 30 sur 20 centimètres. Neskhi avec titre doré. (Schefer, A. 20.)

5838.

تجارب الامم وعواقب الهم. Annales musulmanes, par Abou Ali Ahmed ibn Mohammed ibn Meskouyah († 421 H.) ; troisième volume comprenant le récit des événements des années 250 à 315 H. (865 à 928 J.-C.).

XVIe siècle. 183 feuillets. 33 sur 25 centimètres. Neskhi. (Schefer, A. 21.)

5839.

القرآن. Le Koran, XXIXe section ; du verset 24 de la sourate xxv (الفرقان) au verset 56 de la sourate xxvii (النمل).

XIVe siècle. Manuscrit de grand luxe. 44 feuillets. 35 sur 26 centimètres. (Schefer, A. 22.)

5840.

القرآن. Les sourates xv et xvi du Koran.

XIVe siècle. 45 feuillets. 35 sur 20 centimètres. (Schefer, A. 23.)

5841.

القرآن. Le Koran, XXIIIe section; du verset 27 de la sourate xxxvi (سورة يس) au verset 32 de la sourate xxxix (سورة الزمر).

XIVe siècle. 44 feuillets. 36 sur 25 centimètres. (Schefer, A. 24.)

5842.

الكواكب الدرية فى مدح خير البرية. Poème à la louange du

prophète Mohammed, *takhmis* de la Borda de Sheref ed-Din Abou Abd Allah Mohammed ibn Saïd el-Bousiri († 694).

Manuscrit de grand luxe copié par Soudoun, mamlouk du sultan Mamlouk de la dynastie circassienne Melik el-Daher Djakmak (842-857 H.) pour l'usage de ce prince. 31 feuillets. 32 sur 25 millimètres. Neskhi. (Schefer, A. 25.)

5843.

Recueil de prières et d'invocations.

XIVᵉ siècle. 9 feuillets. 33 sur 24 centimètres. (Schefer, A. 26.)

5844.

القرآن. Le Koran, XVIIᵉ section ; du verset 1 de la sourate XXI (سورة الانبيا) jusqu'au dernier verset de la sourate XXII (سورة الحجّ) ; cet exemplaire a été donné en *vakf* par le sultan mamlouk de la dynastie tcherkesse Melik el-Daher Barkouk.

XIVᵉ siècle. Exemplaire de grand luxe. 34 feuillets. 37 sur 26 centimètres. Magnifique neskhi avec encadrements. (Schefer, A. 27.)

5845.

القرآن. Le Koran, XXIᵉ section ; du verset 45 de la sourate XXIX (سورة العنكبوت) jusqu'au verset 19 de la sourate XXXIII (سورة الاحزاب) ; volume faisant partie du même exemplaire que le n° 5844.

XIVᵉ siècle. 42 feuillets. 37 sur 26 centimètres. (Schefer, A. 28.)

5846.

القرآن. Le Koran, XXᵉ section ; du verset 1 de la sourate XLVI (سورة الذاريات) au verset 30 de la sourate LI (سورة الاحقاق) ; volume faisant partie du même exemplaire que le n° 5844.

XIVᵉ siècle. 42 feuillets. 37 sur 26 centimètres. (Schefer, A. 29.)

5847.

مقامات الحريرى. Les séances de Hariri (Abou Mohammed el-Kasem ibn Ali ibn Mohammed ibn Osman, † 516 H.). — Cet exemplaire est orné de 99 miniatures du même type que celui des miniatures du manuscrit du même ouvrage qui porte le n° 3929 du fonds arabe.

Manuscrit copié en 634 H. (1237 J.-C.) par un nommé Yahya ibn Mahmoud ibn Yahya ibn Abou'l-Hasan ibn Kouverriha el-Wasiti, qui exécuta également les peintures (فرغ من نسخها العبد الفقير الى رحمة ربه وغفرانه وعفوه), dans (يحيى بن محمود بن يحيى بن ابى الحسن بن كوزبها الواسطى بخطه وصوره), une des provinces de l'empire ayyoubite, probablement en Syrie. Beau neskhi. 167 feuillets. 37 sur 28 centimètres. (Schefer. A. 30.)

5848.

القرآن. Le Koran, XXIXᵉ section; du verset 1 de la sourate LXVII (سورة الملك) au dernier verset de la sourate LXXVII (سورة المرسلات).

XVIᵉ siècle. 29 feuillets. 40 sur 29 centimètres. (Schefer, A. 31.)

5849.

الكواكب الدرية فى مدح خير البرية. *Takhmis* de la Borda du sheïkh Bousiri. Cf. n° 5842.

Manuscrit copié en 869 H. (1517 J.-C.). 6 feuillets. 29 sur 14 centimètres. Bon neskhi. (Schefer, A. 32.)

5850.

القرآن. Le Koran, XXIV section; du verset 68 de la sourate XXXIX (سورة الزمر) au verset 46 de la sourate XLI (سورة فصلة).

XVIᵉ siècle. Très beau manuscrit de grand luxe. 25 feuillets. 40 sur 22 centimètres. (Schefer, A. 33.)

5851.

زبدة الطب. Traité de médecine d'Abou Ibrahim Ismaïl ibn Hoseïn Djordjani.

XVIe siècle. 289 feuillets. 29 sur 28 centimètres. Neskhi. (Schefer, A. 34.)

5852.

كتاب الذيل على الروضتين. Continuation du Livre des deux jardins كتاب الروضتين فى اخبار الدولتين, par Shihab ed-Din Abd er-Rahman ibn Ismaïl el-Mokaddési surnommé Abou Shama († 665). — Cette chronique comprend le récit des événements de 590 à 665 H. (1194-1266 J.-C.).

XIXe siècle. 264 feuillets. 27 sur 18 centimètres. Neskhi. (Schefer, A. 35.)

5853.

الدر المنتخب بتكملة تاريخ حلب. Supplément écrit par Ala ed-Din Abou'l-Hasan Ali ibn Mohammed el-Djibrini Khatib el-Nasiriyyah († 843 H.) au بغية الطلب فى تاريخ حلب du célèbre Abou'l-Kasim Omar ibn Ahmed ibn el-Adim. Premier tome.

XVIe siècle. 249 feuillets. 26 sur 17 centimètres. Neskhi. (Schefer, A. 36.)

5854.

كتاب مروج الذهب ومعادن الجوهر. Les Prairies d'or de Masoudi (Abou'l-Hasan Ali ibn Hoseïn ibn Ali). — Cet exemplaire comprend les chapitres I-XXXIII et XLIX-XCII de l'édition de M. Barbier de Meynard.

Manuscrit du XVIIe siècle. ayant appartenu à un *médresch* de Damas à qui le donna Mohammed Pacha. 180 feuillets. 28 sur 19 centimètres. Neskhi. (Schefer, A. 37.)

5855.

كتاب الاخبار بفوايد الاخبار. Recueil de traditions rédigé par

Abou Bekr Mohammed ibn Ibrahim ibn Yakoub el-Kalabadhi el-Bokhari ; il est aussi intitulé بحر الفوايد.

Manuscrit daté de 691 H. (1292 J.-C.), copié par Abou'l-Hasan Ali ibn el-Hoseïn ibn Omar el-Fourati. 398 feuillets. 27 sur 18 centimètres. Neskhi. (Schefer, A. 38.)

5856.

الـكتاب الـكامل فى التاريخ. Le *Kâmil* d'Izz ed-Din Ali ibn Mohammed ibn el-Athir el-Djézéri († 630). — Exemplaire contenant les deux premiers volumes de l'ouvrage et s'arrêtant à la dernière *journée* des Arabes avant l'Islamisme.

Manuscrit copié en 689 H. (1290 J.-C.) par Ali ibn Ali ibn Ahmed ibn Ali ibn Hasan ibn Tabikh pour le vizir Moukhlis ed-Dounia wa'-d-Din Yahya ibn Ali ibn Yahya ibn Abou 'l-Nadjm. 187 feuillets. 27 sur 20 centimètres. Neskhi. (Schefer, A. 39.)

5857.

الدرّ المضية والعروسة المرضية والشجرة النبوية والاخلاق المحمدية. Histoire de Mahomet, par Yousouf ibn Hasan ibn Abd el-Adi.

Manuscrit de luxe copié en 1028 H. (1619 J.-C.) à Bagdad par Yousouf ibn Mohammed ibn Kemal ed-Din Dizfouli. 16 feuillets. 28 sur 16 centimètres. Beau neskhi. (Schefer, A. 40.)

5858.

نخبة الدهر فى عجايب البرّ والبحر. Traité de cosmographie, par Shems ed-Din Abou Abd Allah Mohammed ibn Talib el-Ansari el-Dimishki († 727 H.).

XIVe siècle. 146 feuillets. 27 sur 19 centimètres. Neskhi. (Schefer, A. 41.)

5859.

اعيان العصر واعوان النصر. Dictionnaire biographique des hommes célèbres, par Salah ed-Din Khalil ibn Aïbek el-Safadi († 764). — Troisième volume de l'ouvrage complet. — On lit au commencement du manuscrit une note autographe attestant que cet exemplaire a été collationné par l'auteur et citant les personnages qui l'ont lu au pied de la muraille d'or des Omeyyades à Damas en 758 H. (1357 J.-C.); il contient plusieurs autres notes autographes. Cet exemplaire a appartenu à l'émir Ilbogha, général de l'armée égyptienne en garnison en Syrie.

XIVᵉ siècle. 233 feuillets. 27 sur 19 centimètres. Neskhi. (Schefer, A. 42.)

5860.

الوافى بالوفيات. Dictionnaire biographique des hommes célèbres de l'Islam, par Salah ed-Din Khalil ibn Aïbek el-Safadi. Premier et second volumes de cet ouvrage comprenant la vie des personnages qui ont porté le nom de Mohammed.

XIVᵉ ou XVᵉ siècle. 299 feuillets. 27 sur 18 centimètres. Neskhi. (Schefer, A. 43.)

5861.

مجمع الامثال. Les proverbes de Abou'l-Fadl Ahmed ibn Mohammed el-Nishapouri el-Meïdani († 518 H.).

XIVᵉ siècle. 463 feuillets. 26 sur 18 centimètres. Neskhi de plusieurs mains. (Schefer, A. 44.)

5862.

اخبار الجلاد فى فتوح البلاد. Histoire des premières conquêtes des Musulmans, par Borhan ed-Din Ibrahim el-Bikai, composée à Damas en 834 H.

XIXᵉ siècle. 524 feuillets. 27 sur 17 centimètres. Neskhi. (Schefer, A. 45.)

5863.

تحفه العجايب وطرفة الغرايب. Traité des merveilles du monde,

par Abou's-Saadat ibn Mohammed Sheïbani, plus connu sous le nom d'Ibn el-Athir el-Djézéri († 606 H.).

Manuscrit copié en 1247 H. (1831 J.-C.) sur un exemplaire de la bibliothèque de Kupruluzadéh Pacha à Constantinople. 323 feuillets. 26 sur 17 centimètres. Neskhi. (Schefer, A. 46.)

5864.

كتاب اكام المرجان فى احكام الجان . Traité sur la nature des démons, divisé en 140 chapitres, par Bedr ed-Din Abou Abd Allah Mohammed ibn Abd Allah el-Shibali († 769 H.).

Manuscrit copié en 856 H. (1452 J.-C.). 123 feuillets. 26 sur 18 centimètres. Neskhi. (Schefer, A. 47.)

5865.

كتاب المواعظ والاعتبـــار فى الخطط والاثار . Topographie du Caire et de l'Égypte, par Taki ed-Din Ahmed ibn Ali el-Makrizi († 845 H.). Premier volume.

Manuscrit copié en 977 H. (1569 J.-C.). 287 feuillets. 25 sur 18 centimètres. Bon neskhi. (Schefer, A. 48.)

5866.

مراة الزمان فى تاريخ الاعيان . Histoire des hommes célèbres, par Abou 'l-Mozaffer Yousouf ibn Kizoghlou, nommé Ibn Sibt el-Djauzi († 654 H.). — Seizième volume de cette énorme chronique qui n'en comprenait pas moins de quarante, dans lequel sont racontés les événements des années 358-400 H. (968-1109 J.-C.).

Manuscrit copié en Egypte en 721 H. (1321 J.-C.) par Ibrahim ibn Ali ibn Mahmoud ibn Djouvanmerd (جوانمرد) qui fut donné en *vakf* par le sultan mamlouk el-Melik el-Naser Feredj en 1399 J.-C 243 feuillets. 26 sur 18 centimètres Neskhi. (Schefer, A. 49.)

5867 *et* 5868.

كتاب مسالك الابصار فى ممالك الامصار . Encyclopédie musulmanc qui comprenait vingt volumes, par Shihab ed-Din Ahmed ibn Yahya ibn Mohammed el-Kermani el-Dimishki († 749 H.); les deux présents volumes contiennent la description de l'Afrique.

XIXᵉ siècle. 142 et 239 feuillets. 26 sur 18 centimètres. Neskhi. (Schefer, A. 50.)

5869.

Commentaire de l'انساب وعلامات, traité de médecine de Nedjib ed-Din Samarkandi, par Nafis ibn Aoudh ibn Hakim Kermani, composé en 827 H. à Samarkand et dédié au sultan timouride Mirza Ouloug Beg.

XVIᵉ siècle. 248 feuillets. 27 sur 16 centimètres. Neskhi. (Schefer, A. 51.)

5870.

مسالك الابصار فى ممالك الامصار. Volume neuvième, contenant des biographies de musiciens et musiciennes depuis l'hégire (cf. 5867-5868).

XVᵉ siècle. 217 feuillets. 25 sur 19 centimètres. Neskhi. (Schefer, A. 52.)

5871.

حسن المحاضرة فى اخبار مصر والقاهرة. Histoire d'Égypte, par le polygraphe bien connu Djelal ed-Din Abd er-Rahman ibn Abou Bekr el-Soyouti († 911 H.).

Manuscrit copié en 976 H. (1568 J.-C.) en Égypte par Ali ibn Mohammed el-Fayyoumi. 209 feuillets. 27 sur 17 centimètres. Neskhi. (Schefer, A. 53.)

5872.

التعريف بالمصطلح الشريف. Traité du style sublime, par Shihab ad-Din Abou'l-Abbas Ahmed ibn Yahya el-Kermani el-Omari, surnommé Ibn Fadl Allah el-Katib el-Dimishki († 749 H.).

XIXᵉ siècle. 166 feuillets. 27 sur 17 centimètres. Neskhi. (Schefer, A. 54.)

5873.

وفيات الاعيان فى انبا ابنا الزمان. Dictionnaire biographique
de Shems ed-Din Abou'l-Abbas Ahmed ibn Mohammed el-
Barméki el-Irbili, plus connu sous le nom d'Ibn Khallikan
(† 681 H.); précédé d'une table alphabétique et d'une vie de
l'auteur.

Manuscrit copié en 990 H. (1582 J.-C.) par Hasan ibn Abd er-Rahman
ibn Mohammed el-Shirazi el-Mekki pour Djemal ed-Din Mohammed fils
du *khvadjèh* Feth Allah el-Gilani. 653 feuillets. 26 sur 15 centimètres.
Beau neskhi avec pages enluminées. (Schefer, A. 55.)

5874.

كتاب الانساب. Dictionnaire des noms ethniques, par Abou
Saad Abd el-Kerim ibn Mohammed el-Samani († 562). —
Quatrième volume d'un exemplaire qui devait en comprendre
huit; commençant à القابسى et se terminant par البيشى.

Manuscrit daté de 783 H. (1381 J.-C.). 328 feuillets. 25 sur 18 centimètres. Bon neskhi. (Schefer, A. 56.)

5875.

كتاب المغرب فى اللغة. Dictionnaire des raretés de la langue
arabe, par Bourhan ed-Din Naser ibn Abd el-Seyyid el-Motarezzi († 610).

Manuscrit copié en Perse en 970 H. (1563 J.-C.). 227 feuillets. 20 sur
13 centimètres, avec titre et encadrements enluminés. (Schefer, A. 57.)

5876.

كتاب الخراج. Traité sur les impôts composé par le kadi
Abou Yousouf († 182) par ordre du khalife Haroun al-Rashid.

Manuscrit copié en 1002 H. (1593 J.-C.) par Ahmed ibn Mohammed
Imam Zadèh. 108 feuillets. 21 sur 14 centimètres. Titres et encadrements
dorés. (Schefer, A. 58.)

5877.

مقدّمة فى النحو. Introduction à la Grammaire, par Abou'l-Hasan.Thahir ibn Ahmed, nommé Ibn Babishad († 469 H.).

Manuscrit copié en 799 H. (1392 J.-C.) par Abd Allah Ali ibn Afiyya el-Iraki. 54 feuillets. 17 sur 13 centimètres. Neskhi avec titres et encadrements en or et couleurs. (Schefer, A. 59.)

5878.

Grammaire arabe composée par Hosam ad-Din ibn Abd Allah Roumi pour le sultan Mourad III, fils de Sélim II.

Manuscrit du XVIe siècle. 49 feuillets. 17 sur 11 centimètres. Neskhi, avec titres et ornements dorés. (Schefer, A. 60.)

5879.

1° كتاب التنبيه بمن يبعثه الله على راس كلّ مائة. Avertissement sur ceux qu'Allah envoya au commencement de chaque siècle, par Djelal ed-Din Abd er-Rahman ibn Abou Bekr el-Soyouti († 911 H.).

2° Le كتاب طلوع الثريا باظهار ما كان خفيّا, du même auteur.

XVIe siècle. 29 feuillets. 18 sur 13 centimètres. Bon neskhi. (Schefer, A. 61.)

5880.

كتاب فى خلقة ادم. Traité sur la création d'Adam, sa vie, sa descendance jusqu'à Mahomet, avec une note sur la naissance du Prophète et les Imams des quatre grandes sectes, par Mouslih ed-Din Moustafa ibn Shems ed-Din Karahissari († 968 H.).

XVIIe siècle. 107 feuillets. 21 sur 14 centimètres. Bon talik, avec titres et encadrements. (Schefer, A. 62.)

5881.

كتاب كليلة ودمنة. Le livre de Kalila et Dimna, version d'Ibn el-Mokaffa.

Manuscrit copié en 1092 H. (1681 J.-C.). 91 feuillets. 20 sur 13 centimètres, orné de 25 miniatures. Neskhi avec encadrement et titre. (Schefer,
A. 63.)

5882.

كتاب الروضتين فى اخبار الدولتين. Histoire du règne de Nour
ed-Din et de Salah ed-Din, par Shihab ed-Din Abd er-Rahman
ibn Ismaïl Abou Shama († 665). — Premier volume.

XVIe siècle. 354 feuillets. 31 sur 19 centimètres. Neskhi, titre enluminé.
(Schefer, A. 64.)

5883.

1° كتاب السامى فى الاسامى. Dictionnaire des noms arabes
avec explication en persan, par Abou 'l-Nasr Ahmed ibn Mohammed el-Meïdani Nishapouri († 518 H.).

2° ديوان النابغة الذبيانى. Divan du célèbre poète Nabigha Dobyani.

Manuscrit copié à Sanaa en 528 H. (1201 J.-C.). 161 feuillets. 18 sur 13
centimètres. Bon neskhi. (Schefer, A. 65.)

5884.

درّ الحبب فى تاريخ اعيان حلب. Dictionnaire biographique des
hommes célèbres d'Alep, par Mohammed ibn Ibrahim ibn
Yousouf el-Halebi el-Hanefi, appelé Ibn Hanbali († 971 H.).

Manuscrit daté de 1183 H. (1769 J.-C.). 357 feuillets. 20 sur 13 centimètres; les neuf premiers feuillets sont rapportés. (Schefer, A. 66.)

5885.

مبيد النعم ومبيد النقم. Traité de morale, par Tadj ed-Din Ali
el-Wahhab ibn Ali el-Sobki († 771 H.).

Manuscrit copié en 876 H. (1472 J.-C.) par Ahmed ibn Abd el-Aziz el-
Iraki. 153 feuillets. 17 sur 13 centimètres. Bon neskhi. (Schefer, A. 67.)

5886.

كتـاب القـرب فى محبّة العرب. Traité sur l'excellence des Arabes, par Abd er-Rahim ibn Abou Bekr ibn Ibrahim el-Iraki el-Shafeï.

XIXᵉ siècle. 24 feuillets. 18 sur 12 centimètres. Neskhi avec titre orné. (Schefer, A. 68.)

5887.

تحفة العروس ومتمة النفوس. Ouvrage sur la nature des femmes et le mariage, par Abou Mohammed Abd Allah ibn Abou Abd Allah Mohammed ibn Ahmed el-Tidjani.

XVIᵉ siècle. 171 feuillets. 21 sur 14 centimètres. Neskhi. (Schefer, A. 69.)

5888.

ادّعيّة الايّام السبعة. Prières pour les sept jours de la semaine.

Manuscrit copié en 996 H. (1588 J.-C.). 34 feuillets. 19 sur 14 centimètres. Neskhi. (Schefer, A. 70.)

5889.

المنتخبات الملتقطات فى تاريخ الحكما والاطبّا. Histoire des savants et des médecins, par Djemal ed-Din Ali ibn Yousouf al-Kofti (✝ 646 H.), avec une notice biographique sur cet auteur, ainsi que la Vie d'Avicenne, au folio 113 v°. — On trouve au folio 119 v°, un extrait du تعريف بطبقات الامم ou Description des différents peuples, par Saïd ibn Ahmed Malaki Andalousi (✝ 250 H.), et au folio 127 v°, un extrait du فهرست فى اخبار المصنفين.

Manuscrit copié par Arifi Hoseïn à Constantinople en 1155 H. (1742 J.-C.). 130 feuillets. 19 sur 13 centimètres. Talik, encadrement et frontispice. (Schefer, A. 71.)

5890.

Recueil de prières.

Manuscrit copié par Bishbek ibn Abd Allah, mamlouk du sultan d'Égypte, el-Melik el-Ashraf Kaitbay († 1496 J.-C.). 15 feuillets. 25 sur 16 centimètres. Neskhi. Frontispice et encadrement. (Schefer, A. 72.)

5891.

ديوان شعر الخاردة. Recueil des poésies d'el-Haridah.

Manuscrit de grand luxe copié par Ahmed ibn al-Shahid el-Deïlemi sur un exemplaire de la main du célèbre calligraphe Yakout el-Mostaasimi en 892 H. (1487 J.-C.). 11 feuillets. 24 sur 17 centimètres. Neskhi à filets d'or. Frontispice et encadrements. (Schefer, A. 73.)

5892.

كتاب هدية المحبين فى اذكار ولادعية. Recueil de prières.

Manuscrit copié par Ezdemur, mamlouk du sultan d'Égypte el-Melik el-Ashraf Abou'l-Nasr Kansou el-Ghauri († 1516 J.-C.). 31 feuillets. 25 sur 17 centimètres. Neskhi. (Schefer, A. 74.)

5893.

رفع الاصر عن قضات مصر. Biographies des kadis du Caire, par Shihab ed-Din Ahmed ibn Ali, connu sous le nom d'Ibn Hadjar el-Askalani.

XVIᵉ siècle. 165 feuillets. 28 sur 18 centimètres. Neskhi. (Schefer, A. 75.)

5894.

كتاب جوامع احكام الكسوفين وقران الكوكبين. Traité d'astronomie, par Abou'l-Kasim ibn Madjour.

Manuscrit copié en 770 H. (1368 J.-C.). 130 feuillets. 26 sur 19 centimètres. Neskhi. (Schefer, A. 76.)

5895.

كتاب الشعر والشعرا. Livre de la poésie et des poètes, par Abou Mohammed Abd Allah ibn Mouslim ibn Koteïba.

XIXᵉ siècle. 147 feuillets. 27 sur 16 centimètres. Neskhi. (Schefer, A. 77.)

5896.

1° كتاب طبقات الفقها. Dictionnaire biographique des juristes, par Abou Ishak Ibrahim ibn Ali ibn Yousouf el-Firouzabadi el-Shirazi († 476 H.).

2° كتاب مغيث الخلق فى اختيار الاحق. Ouvrage sur la prééminence de la secte shaféite, par Abou'l-Meali Abd el-Melik ibn Abd Allah ibn Yousouf el-Djouveini († 479).

XVI° siècle. 57 feuillets. 26 sur 18 centimètres. Neskhi. (Schefer, A. 78.)

5897.

بغية المستفيد فى اخبار مدينة زبيد. Histoire de la ville de Zébid dans le Yémen, par Wudjih ed-Din Abd er-Rahman ibn Ali el-Daiba el-Sheïbani († 944 H.).

Manuscrit copié en 1290 H. (1873 J.-C.). 101 feuillets. 24 sur 17 centimètres. Neskhi. (Schefer, A. 79.)

5898.

كتاب الانساب. Le livre des généalogies de Samani; voir n° 5874.

XIII° siècle. 321 feuillets. 24 sur 18 centimètres. Neskhi. (Schefer, A. 80).

5899.

تحفة العروس ومتعة النفوس. Traité sur la nature des femmes et le mariage, par Abou Mohammed Abd Allah ibn Abou Abd Allah Mohammed ibn Ahmed Tidjani, voir n° 5887.

Manuscrit copié en 873 H. (1468 J.-C.). 117 feuillets. 26 sur 17 centimètres. Neskhi. (Schefer, A. 81.)

5900.

Quatre livres d'histoire naturelle, par Abou'l-Abbas el-Fadl ibn Mohammed ibn el-Faal el-Loukdi.

XIV° siècle. 129 feuillets. 25 sur 17 centimètres. Neskhi sans points. (Schefer, A. 82.)

5901.

كتاب تحفة الامرا فى تاريخ الوزرا. Histoire des vizirs, par Helal ibn Mohsin el-Sabi.

XVI⁰ siècle. 97 feuillets. 28 sur 16 centimètres. Neskhi. (Schefer, A. 83.)

5902.

كتاب المدخل الكبير فى علم احكام النجوم. Introduction à l'étude de l'astronomie, par Djaafer ibn Mohammed el-Balkhi († 272 H.).

Manuscrit copié en 325 H. (936 J.-C.) par Ali el-Motarezzi. 131 feuillets. 26 sur 16 centimètres. Neskhi. (Schefer, A. 84.)

5903.

مراة الزمان فى تاريخ الاعيان. Même ouvrage que le nº 5866. — Volume acéphale et incomplet contenant l'histoire des années 175-202 H. (791-817 J.-C.).

XIIIᵉ siècle. 154 feuillets. 25 sur 17 centimètres. Neskhi. (Schefer, A. 85.)

5904.

تذكرة الائمة والحفاظ. Dictionnaire biographique des Imams et des gens qui ont su le Coran par cœur, par Shems ed-Din Mohammed ibn Ahmed Dhéhébi († 748). — Cet ouvrage est également connu sous les titres de كتاب طبقات المشايخ et de تذكرة الحفاظ.

XIVᵉ siècle. 206 feuillets. 26 sur 17 centimètres. Neskhi. (Schefer, A. 86.)

5905.

كتاب المالك والمسالك. Traité de géographie d'Abou Obeïd Abd Allah ibn Abd el-Aziz el-Bekri el-Kortobi el-Andalousi († 487 H.).

XIXᵉ siècle. 186 feuillets. 27 sur 17 centimètres. Neskhi. (Schefer, A. 87.)

5906.

Commentaire sur le *Divan* d'Omar ibn Faridh († 632), par Hasan ibn Mohammed ibn Mohammed el-Bourini († 1024 H.).

Manuscrit copié en 1117 H. (1705 J.-C.) par Mohammed ibn Ahmed el-Bondiri. 243 feuillets. 25 sur 16 centimètres. Neskhi. (Schefer, A. 88.)

5907.

كتاب الخراج وصنعة الكتابة. Livre des impôts et des fonctions de chancelier, par Abou 'l-Faradj Kodama ibn Djaafer el-Katib el-Bagdadi († 337 H.).

Manuscrit copié au XIXᵉ siècle sur l'exemplaire de la bibliothèque de Kupruli Pacha à Constantinople. 253 feuillets. 25 sur 17 centimètres. Neskhi. (Schefer, A. 89.)

5908.

كتاب التاريخ الكبير على حروف المعجم. Tome II du Dictionnaire biographique d'Abou Abd Allah Mohammed ibn Ismaïl el-Djaafi.

Manuscrit copié au Maghreb en 415 H. (1024 J.-C.). 96 feuillets. 25 sur 18 centimètres. (Schefer, A. 90.)

5909.

كتاب المنتظم فى تاريخ ملوك الامم. Histoire générale du monde musulman, par Djemal ed-Din Abou'l Faradj Abd er-Rahman ibn Ali ibn Djauzi el-Bagdadi († 597 H.). — Dixième volume contenant les événements des années 275-322 H. (888-934 J.-C.).

XIIIᵉ siècle. 184 feuillets. 25 sur 17 centimètres. Bon neskhi cursif. (Schefer, A. 91).

5910.

الكتاب الكامل فى التاريخ. Le Kamil d'Ibn el-Athir contenant

le récit des événements qui se sont passés de l'an 24 H. à la mort d'Hoseïn.

Exemplaire ayant appartenu à Ibn el-Athir. 250 feuillets. 24 sur 17 centimètres. Neskhi. (Schefer, A. 92.)

5911.

الكتاب الكامل فى التاريخ. Le même ouvrage. — Quatrième volume comprenant le récit des événements qui ont signalé les années 572-601 H. (1176-1204 J.-C.).

Manuscrit daté de 662 H. (1263 J.-C.). 160 feuillets. 25 sur 16 centimètres. Neskhi. (Schefer, A. 93.)

5912.

تنبيه الطالب وارشاد الدارس لاحوال مواضع الفايدة بدمشق. Description des mosquées et des collèges de Damas, par Abou 'l-Mefakhir Mohyi ed-Din Abd el-Kadir ibn Mohammed ibn Omar Naïmi († 927).

XIXe siècle. 317 feuillets. 24 sur 16 centimètres. Neskhi. (Schefer, A. 94.)

5913.

ديوان ابن الحجاج. Abrégé du *Divan* d'Abou Abd Allah Hoseïn ibn Ahmed el-Bagdadi Ibn el-Hadjdjadj.

Manuscrit copié en 559 H. (1164 J.-C.) par Abou Mohammed ibn el-Khashshab. 193 feuillets. 26 sur 16 centimètres. Neskhi. (Schefer, A. 95.)

Arabe **5914**.

كتاب حلية المحاضرة وعنوان المذاكرة ومندان المسامرة 1°. Recueil de proverbes et de *concetti* par Abou Mansour Abd el-Melik ibn Mohammed ibn Ismaïl el-Taalébi († 429 H.).

2° Le المنهج du même.

Manuscrit copié en 583 H. (1187 J.-C.). 193 feuillets. 25 sur 17 centimètres. Neskhi. (Schefer, A. 96.)

5915.

ديوان الصبابة. Traité de l'amour, par Shihab ed-Din Abou'l-
Abbás Ahmed ibn Yahya ibn Abou Bekr ibn Abd el-Wahid,
surnommé Ibn Abou Hadjala el-Tilimsani († 776).

Manuscrit copié sous la surveillance de l'auteur. 225 feuillets. 25 sur
18 centimètres. Neskhi. (Schefer, A. 97.)

5916.

كتاب تاريخ الملك الاشرف قايتباى. Histoire du règne du sultan
mamlouk circassien el-Melik el-Ashraf Abou'l-Nasr Kaïtbay,
avec une histoire abrégée des souverains qui l'ont précédé sur
le trône d'Égypte depuis Salah ed-Din Yousouf ibn Ayyoub.

XVIIIᵉ siècle. 75 feuillets. 24 sur 17 centimètres. Neskhi.(Schefer, A. 98.)

5917.

النديرات الالهية فى اصلاح المملكة الانسانيّة. Traité de gouvernement, par Mohyi ed-Din Mohammed ibn Ali ibn el-Arabi
(† 638 H.).

XVIIᵉ siècle. 70 feuillets. 24 sur 17 centimètres. Neskhi magrebin.
(Schefer, A. 99.)

5918.

القول المستطرف فى سفر مولانا السلطان الملك الاشرف. Journal
du voyage en Syrie du sultan mamlouk circassien el-Melik
el-Ashraf Abou'l-Nasr Kaïtbay, en 882 H. (1477 J.-C.).

Manuscrit copié en 1291 H. (1874 J.-C.). 39 feuillets. 24 sur 16 centimètres. Neskhi. (Schefer, A. 100.)

5919.

جنى الازهار من الروض المعطار فى عجايب الاقطار. Traité de
géographie, par le *hafiz* Shihab ed-Din Ahmed Makrizi.

XIXᵉ siècle. 68 feuillets. 24 sur 16 centimètres. Neskhi. (Schefer, A. 101.)

5920.

كتاب نزهة الناظرين فى تاريخ من ولى مصر من الخلفا والسلاطين.

Résumé de l'histoire de l'Égypte depuis la conquête musulmane jusqu'à la chute des mamlouks tcherkesses, par Mari
ibn Yousouf el-Hanbali († 1033), avec la liste des gouverneurs
ottomans jusqu'en 1099 H.

XVIII⁰ siècle. 61 feuillets. 24 sur 16 centimètres. Neskhi. (Schefer, A.
102.)

5921 *et* 5922.

ذيل تاريخ مدينة السلام بغداد. Appendice à l'Histoire de Bagdad d'Ibn Khatib, par Abou Abd Allah Mohammed ibn Saïd
ibn el-Dobaïthi el-Wasiti († 637).

VII⁰ siècle. 298 et 223 feuillets. 24 sur 17 centimètres. Neskhi. (Schefer,
A. 103.)

5923.

كتاب فى علم الامراض واسبابها واعراضها وعلاجاتها. Traité de
médecine, par Abou'l-Hasan Saïd ibn Hibet Allah ibn Hasan
el-Tabib († 500) qui le dédia au khalife Moktadi bi amr Allah.

Manuscrit daté de 575 H. (1179 J.-C.). 80 feuillets. 25 sur 16 centimètres. Neskhi. (Schefer, A. 104.)

5924.

Fragments du Koran avec des prières en turc oriental et en
persan.

XVIII⁰ siècle. 63 feuillets. 12 sur 9 centimètres. Neskhi. (Schefer, A. 105.)

5925.

Fragments du Koran et prières.

Manuscrit daté de 1182 H. (1768 J.-C.). 261 feuillets. 15 sur 9 centimètres.
Neskhi et nestalik, encadrement et frontispice. (Schefer, A. 106.)

5926.

كتاب دمية القصر وعصرة اهل العصر. Anthologie poétique
formant un supplément au Yétimet de Taalébi, par Ali ibn
Hasan ibn Abou'l-Tayyib el-Bakharzi (✝ 476 H.).

Manuscrit copié en 1038 H. (1628 J.-C.). 299 feuillets. 20 sur 15 centimètres. Neskhi, encadrements et frontispice. (Schefer, A. 107.)

5927.

البرق اليماني فى الفتح العثماني. Histoire de la conquête du Yémen par les Osmanlis, par Kotb ed-Din Mohammed ibn Ahmed el-Mekki (✝ 990). — Cet ouvrage fut dédié à Sinan Pacha, grand vizir du sultan Sélim II.

Manuscrit copié en 1113 H. (1701 J.-C.). 259 feuillets. 20 sur 15 centimètres. Neskhi. (Schefer, A. 108.)

5928.

الفراسة لاجل السياسة. Traité de gouvernement basé sur les
renseignements donnés par la physionomie des hommes, par
Abou Abd Allah Mohammed ibn Abou Taleb el-Ansari el-
Soufi el-Dimishki (✝ 737 H.).

XVIIᵉ siècle. 45 feuillets. 19 sur 14 centimètres. Neskhi. (Schefer A. 109.)

5929.

كتاب كشف الصلصلة عن وصف الزلزلة. Catalogue des trem-
blements de terre depuis la création jusqu'en l'année 940 H.,
par Djelal ed-Din Abd er-Rahman el-Soyouti.

Manuscrit copié en 1118 H. (1706 J.-C.). 17 feuillets. 19 sur 14 centimètres. Neskhi. (Schefer, A. 110.)

5930.

الدرّ المنظوم فى فضل الروم. Traité sur l'excellence des Turcs
et des sultans osmanlis, par Shihab en-Din Abou'l-Abbas Ah-

med ibn Mohammed el-Hasani el-Hamavi qui le composa en 1095 H.

XVIII° siècle. 24 feuillets. 20 sur 14 centimètres. Neskhi (Schefer, A. 111.)

5931.

تذكرة الاوايل فى اصلاح كتاب الوسايل الى معرفة الاوايل . Com-plément du traité de Djelal ed-Din Abd er-Rahman el-Soyouti sur les *Osoul el-Din*.

Manuscrit copié en 1049 H. (1639 J.-C.). 358 feuillets. 19 sur 13 centimètres. Neskhi. (Schefer, A. 112.)

5932.

1° اعلام باعلام بيت الله الحرام . Histoire de la Mecque, par Kotb ed-Din Mohammed ibn Ahmed el-Mekki († 998 H.).

2° Histoire des sultans de la dynastie osmanlie pendant les années 699 à 982 H.

XVII° siècle. 61 feuillets. 21 sur 15 centimètres. Neskhi. (Schefer, A. 113.)

5933.

1° رسالة الانتصار لقدوة الاخيار . Panégyrique du sultan osmanli Mourad Khan, fils de Sélim.

2° محاضرة الاوايل ومسامرة الاواخر . Anecdotes sur les gens qui ont les premiers ou les derniers fait quelque chose, par Ali Dédéh, composé en 998 H.

Manuscrit copié à Brousse sur l'autographe conservé dans la mosquée de Yilderim Khan en 1003 H. (1691 J.-C.), par Ali ibn Mohammed. 190 feuillets. 19 sur 14 centimètres. Neskhi. (Schefer, A. 114.)

5934.

Recueil d'opuscules d'Abou Mansour Abd el-Melik el-Taalébi († 429) :

١° الايجاز والاعجاز.

٢° الكفاية فى الكناية (fol. 71).

٣° خاص الخاص (fol. 111).

٤° من غاب عنه المطرب (fol. 121).

٥° كتاب مواقيت اليواقيت (fol. 151).

Manuscrit copié à Constantinople en 1080 H. (1669 J.-C.). 201 feuillets. 19 sur 10 centimètres. Neskhi. (Schefer, A. 115.)

5935.

القرآن. Le Koran, XVᵉ et XVIᵉ sections; du verset 47 de la sourate XLI (سورة فصلت) au verset 29 de la sourate LI (الذاريات).

Manuscrit sur parchemin. Xᵉ siècle. 86 feuillets. 15 sur 16 centimètres. Koufique. (Schefer, A. 116.)

5936.

كتاب تواريخ حمص العدية داخلا وخارجا. Recueil des inscriptions grecques, araméennes et arabes, qui se trouvent tant à l'intérieur qu'à l'extérieur de la ville de Homs, en Syrie.

Manuscrit copié en 1862 J.-C. 157 feuillets. 18 sur 11 centimètres. Neskhi. (Schefer, A. 117.)

5937.

عقود الجمان فى تجويد القرآن. Poème sur la lecture du Koran, par Borhan ed-Din Ibrahim ibn Omar el-Djaabéri († 732 H.).

Manuscrit copié en 724 H. (1324 J.-C.) sur le ms. autographe. 31 feuillets. 17 sur 13 centimètres. Neskhi. (Schefer, A. 118.)

5938.

نزهة الطرف فى علم الصرف. Traité de grammaire en dix cha-

pitres, par Abou'l-Fazl Mohammed el-Nishapouri el-Meïdani
(† 518 H.).

Manuscrit copié sur une copie de l'autographe en 547 H. (1153 J.-C.).
67 feuillets. 19 sur 13 centimètres. Neskhi. (Schefer, A. 119.)

5939.

عيون الانبا فى طبقات الاطبّا . Troisième tome du Dictionnaire
biographique des médecins, par Shihab el-Ahd ibn Saïd, plus
connu sous le nom de Mouvaffik ed-Din Ahmed ibn el-Kasim el-Khazradji el-Saadi ibn Abi Osaïbia († 668).

Manuscrit copié en 690 H. (1291 J.-C.) par Abou'l-Fadl el-Djirahi ibn
Abou'l-Faradj ibn Nasr el-Askalani. 188 feuillets. 18 sur 13 centimètres.
Neskhi. (Schefer, A. 120.)

5940.

Recueil formé de plusieurs sourates du Koran et de prières
en turc et en arabe.

Manuscrit de luxe daté de 1157 H. (1744 J.-C.). 70 feuillets. 16 sur 11
centimètres. Neskhi avec encadrements et frontispice. (Schefer, A. 121.)

5941.

كتاب باعث النفوس الى زيارة القدس المحروس . Traité du pèlerinage à Jérusalem, par Borhan ed-Din Ibrahim el-Fezari.

XVe siècle. 41 feuillets. 17 sur 13 centimètres. Neskhi. (Schefer, A. 122.)

5942.

ثمار القلوب فى المضاف والمنسوب . Traité sur les locutions de
deux mots en rapport d'annexion qui sont passées en proverbe,
par Abou'l-Mansour Abd el-Melik ibn Mohammed el-Taalébi
(† 429 H.).

XVIIIe siècle. 202 feuillets. 19 sur 14 centimètres. Neskhi. (Schefer,
A. 123.)

5943.

زهة الالباب فيما لا يوجد فى كتاب. Recueil d'anecdotes iné-
dites, par Shihab ed-Din Ahmed Tifashi.

Manuscrit daté de 973 H. (1565 J.-C.). 153 feuillets. 19 sur 12 centimètres. Neskhi, encadrements et titres ornés. (Schefer, A. 124.)

5944.

العقه المنظوم فى ذكر افاضل الروم. Histoire des savants de
l'empire ottoman, par Ali ibn Bali, surnommé Tchemnak
(† 992 H.).

Manuscrit copié en 1083 H. (1672 J.-C.). 121 feuillets. 19 sur 11 centimètres. Talik. (Schefer, A. 125.)

5945.

شقايق النعمانية فى علما الدولة العثمانية. Biographie des oule-
mas de l'empire ottoman, par Ahmed ibn Moustafa Tashku-
pruzadèh († 968 H.).

Manuscrit copié en 965 H. (1567 J.-C.). 176 feuillets. 20 sur 13 centimètres. Talik, encadrements et titre; exemplaire du sultan Moustapha.
(Schefer, A. 126.)

5946.

رسالة معلقة لتفسير قاضى بيضاوى. Petit traité sur le commentaire du Koran composé par le kadi Beidhawi, par Abd Allah
Osman Efendi Zadèh.

Manuscrit daté de 1184 H. (1770 J.-C.). 5 feuillets. 21 sur 13 centimètres.
Talik. (Schefer, A. 127.)

5947.

كتاب مصابيح السنة. Recueil de 4719 traditions relatives à Mahomet, par Abou Mohammed Hoseïn ibn Masoud el-Ferra
el-Baghawi.

Manuscrit copié en 704 H. (1304 J.-C.). 297 feuillets. 20 sur 14 centimètres. Neskhi, encadrements et frontispice. (Schefer, A. 128.)

5948.

مفتاح السعادة ومصباح السياسة فى موضوعات العلوم. Traité de l'objet et du but des sciences, par Ahmed ibn Moustafa Tash-kupruzadéh († 962 H.).

Manuscrit copié en 1118 H. (1706 J.-C.). 426 feuillets. 24 sur 15 centi-mètres. Talik, encadrements et frontispice. (Schefer, A. 129.)

5949.

القرآن. Le Koran, XXVIe section; du verset 1 de la sourate XLVI (سورة الاحقاف) au verset 29 de la sourate LI (سورة الذاريات).

XVe siècle. 52 feuillets. 23 sur 17 centimètres. Neskhi en or. (Schefer, A. 130.)

5950.

Fragment d'une chronique égyptienne comprenant le détail des années 770 à 897 H. (1368-1491 J.-C.).

XVIe siècle. 73 feuillets. 25 sur 16 centimètres. Neskhi. (Schefer, A. 131.)

5951.

كتاب الطبقات الكبير. Dictionnaire biographique des Compagnons de Mahomet, par Abou Abd Allah Mohammed ibn Saad el-Basri († 203 H.). — XIIe tome contenant les biographies des Compagnons qui vécurent pendant les premières années de l'hégire.

XIIIe siècle. 343 feuillets. 16 sur 14 centimètres. Neskhi. Titre et fron-tispices ornés. (Schefer, A. 132.)

5952.

مراة الجنان وعبرة اليقظان فى معرفة حوادث الزمان وتقلب احوال الانسان. Histoire de l'Islam pendant les années 1-750 H., par Abou Mohammed Abd Allah ibn Asad el-Yafi el-Yéméni († 768 H.).

XVIe siècle. 473 feuillets. 23 sur 15 centimètres. Neskhi. (Schefer, A. 133.)

5953.

المختصر فى اخبار البشر. Abrégé d'histoire générale écrit par el-Melik el-Mouvayyad Ismaïl ibn Ali Imad ad-Din Aboulféda, sultan de la ville de Hamah en Syrie (✝ 722).

Manuscrit copié en 797 H. (1394 J.-C.). 163 feuillets. 25 sur 18 centimètres. Neskhi. (Schefer, A. 134.)

5954.

النهج المسلوك فى سياسه الملوك. Traité de gouvernement à l'usage des rois, par Abd er-Rahman ibn Nasr ibn Abd Allah, composé pour le sultan Salah ed-Din Yousouf ibn Ayyoub.

Manuscrit copié en 1261 H. (1845 J.-C.) au Caire par Ali Hammami Zadèh pour le gouverneur de la ville de Kouloubiyyèh en Égypte, Hoseïn Haïder. 114 feuillets. 23 sur 15 centimètres. Neskhi, titres et encadrements ornés. (Schefer, A. 135.)

5955.

1º خلاصة العسجد فى دولة الشريف محمود احمد. Histoire du Yémen sous le gouvernement de Mahmoud Ahmed (1141-1183 H.), par Abd er-Rahman ibn Hasan ibn Ali al-Bahkali.

2º قصيدة فى امتداح العنب و تفضيله على النخل. Poème sur l'excellence de la vigne et ses mérites comparés à ceux du palmier.

Manuscrit copié en 1218 H. (1813 J.-C.). 112 feuillets. 21 sur 15 centimètres. Neskhi. (Schefer, A. 136.)

5956.

حلية الاوليا وطبقة الاصفيا. Biographie des hommes pieux et des saints de l'Islam, par Abou Noaïm Ahmed ibn Abd Allah el-Isfahani (430 H.). — Neuvième volume.

Manuscrit copié en 579 H. (1183 J.-C.). 166 feuillets. 24 sur 16 centimètres. Neskhi. (Schefer, A. 137.)

5957.

Abécédaire pour les étudiants de la mosquée de Pékin.

XVIIIe siècle. 11 feuillets de papier de Chine. 23 sur 14 centimètres. Neskhi chinois. (Schefer, A. 138.)

5958.

كتاب عجايب الهند والسين . Les merveilles de l'Inde et de la Chine, d'après les récits des navigateurs musulmans de la fin du ive et du commencement du ve siècle de l'hégire.

XIXe siècle. 72 feuillets. 24 sur 16 centimètres. Neskhi. (Schefer, A. 139.)

5959.

الدرّة المضية والعروسة المرضية والشجرة النبوية والاخلاق المحمدية . Histoire du prophète Mahomet, par Yousouf ibn Hasan ibn Abd el-Hadi.

Manuscrit copié à Bagdad au XVIIe siècle par Yousouf ibn Mohammed el-Dizfouli. 15 feuillets. 24 sur 14 centimètres. Neskhi, encadrements et frontispice. (Schefer, A. 140.)

5960.

كتاب الحضرة الانسية فى الرحلة القدسية . Journal du voyage à Damas et Jérusalem, exécuté en 1101 H. (1689 J.-C.), par Abd el-Ghani el-Naboulousi.

Manuscrit copié en 1234 H. (1818 J.-C.) par le kadi de Jérusalem Hadji Ibrahim Khalil. 126 feuillets. 22 sur 16 centimètres. Talik. (Schefer, A. 141.)

5961.

Sentences morales.

Manuscrit de grand luxe copié en 684 H. (1285 J.-C.) par le célèbre calligraphe Yakout el-Mostaassemi. 9 feuillets de papier doré. 23 sur 16 centimètres. Neskhi, avec encadrements et frontispice. (Schefer, A. 142.)

5962.

القسم الثانى فى الكتاب من سكان الارض فى طوايق الامم . Traité sur les différents peuples de la terre, avec une comparaison entre les Orientaux et les Occidentaux, par un anonyme.

XIX⁰ siècle. 49 feuillets. 24 sur 16 centimètres. Neskhi. (Schefer, A. 143.)

5963.

تاريخ ثغر عدن. Histoire d'Aden et biographie des hommes célèbres de cette ville, par Tayyib ibn Abd Allah ibn Ahmed.

Manuscrit copié en 1091 H. (1680 J.-C.) sur l'autographe. 181 feuillets. 26 sur 16 centimètres. Neskhi. (Schefer, A. 144.)

5964.

حكم الحكما ونوادر القدما والعلما. Histoire des principaux philosophes grecs composée pour le sultan ayyoubite d'Alep, el-Melik el-Nasir Yousouf, fils du sultan el-Melik el-Aziz.

Manuscrit daté de 1183 H. (1769 J.-C.). 39 feuillets. 22 sur 15 centimètres. Neskhi, encadrements et frontispice. (Schefer, A. 145.)

5965.

كتاب ذكر فيه ما باقليم مصر من البلدان وعبرة كل بلدة وكم مساحتها غدّان. Description et terrier de l'Égypte sous les Mamlouks.

Manuscrit copié au Caire en 970 H. (1563 J.-C.). 122 feuillets. 24 sur 16 centimètres. Neskhi. (Schefer, A. 146.)

5966.

Fol. 5 r⁰. تدارك انواع الخطا الواقع فى التدبير. Traité de médecine, par Abou Ali ibn Sina (Avicenne † 428 H.).

Fol. 52 r⁰. رسالة فى الادوية. Traité des remèdes, par le même.

Manuscrit du XIII⁰ siècle, annoté en hébreu et en grec. 108 feuillets. 23 sur 16 centimètres. (Schefer, A. 147.)

5967.

Histoire en vers des kadis de Jérusalem pendant les années 857-1040 H. (1453-1630 J.-C.); à la suite, histoire des kadis du Caire. — Exemplaire incomplet du commencement.

XVIIᵉ siècle. 74 feuillets. 22 sur 16 centimètres. Neskhi. (Schefer, A. 148.)

5968.

دستور المنجمين. Tables astronomiques et de concordances.

XIVᵉ siècle. 346 feuillets. 23 sur 16 centimètres. Neskhi. (Schefer, Á. 149.)

5969.

Office de saint Cyrille et de saint Grégoire en copte et en arabe.

XVIIᵉ siècle. 113 feuillets. 23 sur 17 centimètres. (Schefer, A. 150.)

5970.

سراج الملوك. Traité de politique, par Abou Bekr Mohammed ibn el-Walid el-Tortouchi ibn Boundaka († 520 H.).

Manuscrit copié en 1045 H. (1653 J.-C.). 229 feuillets. 20 sur 14 centimètres. Neskhi, encadrements et frontispice. (Schefer, A. 151.)

5971.

شمايل النبي. Les qualités du Prophète, par Abou Isa Mohammed ibn Isa el-Termidi († 279 H.).

XVIIIᵉ siècle. 30 feuillets. 23 sur 14 centimètres. Talik; encadrement et frontispice. (Schefer, A. 152.)

5972.

Fol. 1 vᵒ. كتاب الاصطرلاب. Traité de l'astrolabe, par Abou'l-Hoseïn Goushyar ibn Laban Bashahri el-Gili.

Fol. 44 v°. معرفة العمل بالاصطرلاب . Notice sur la manière de se servir de l'astrolabe, par un nommé Ali ibn Isa.

Fol. 53 r°. كتاب يتضمن من ابواب العمل بالاصطرلاب ما لا بدّ منه . Précis sur l'emploi de l'astrolabe.

Fol. 94 v°. كيفية العمل بالربع المجيب الافاقى لمعرفة اوقات الصلوات . Traité sur la façon de déterminer l'heure précise des prières canoniques par l'usage des instruments astronomiques.

Manuscrit copié en 1641 de l'ère grecque (1329 J.-C.). 103 feuillets. 22 sur 16 centimètres. Neskhi. (Schefer A. 153.)

5973.

الاحسان فى دخول مملكة اليمن تحت ظل عدالة آل عثمان . Histoire de la conquête du Yémen par les Turcs Osmanlis.

XVIIe siècle. 119 feuillets. 24 sur 15 centimètres. Neskhi. (Schefer, A. 154.)

5974.

المتوسطات . Recueil de quinze traités de mathématiques que les étudiants lisaient entre les Éléments d'Euclide et l'Almageste de Ptolémée.

XVIe siècle. 192 feuillets. 23 sur 16 centimètres. Neskhi. (Schefer, A. 155.)

5975.

كتاب الزيارات ou كتاب اشارات الى معرفة الزيارات . Guide aux lieux de pèlerinage des Musulmans, par Abou 'l-Hasan Ali ibn Abou Bekr el-Hérévi († 611 H.).

Manuscrit copié en 697 H. (1297 J.-C.). 95 feuillets. 24 sur 16 centimètres. Neskhi. (Schefer, A. 156.)

5976.

غريب القرآن والحديث ou الغريبين . Dictionnaire des mots

rares du Koran et des recueils de traditions musulmanes, par Abou Obeïd Ahmed ibn Mohammed ibn Mohammed el-Hérévi († 401). — Troisième volume contenant de د à س (en partie).

Manuscrit copié en 589 H. (1193 J.-C.). 183 feuillets. 22 sur 15 centimètres. Neskhi. (Schefer, A. 157.)

5977.

كتاب بهجة الزمن فى تاريخ اليمن. Histoire du Yémen, par Abou'l-Mahasen Abd el-Baki ibn Abd el-Medjid el-Kourashi el-Adeni, jusqu'en l'année 723 H.

XVᵉ siècle. 123 feuillets. 23 sur 17 centimètres. Neskhi. (Schefer, A. 158.)

5978.

التاريخ اليمنى. Histoire du sultan ghaznévide Yémin ed-Dauleh Mahmoud, fils de Sébouktigin, par Abou 'l-Nasr ibn Abd el-Djebbar Otbi († 427).

Manuscrit daté de 1074 H. (1664 J.-C.), avec des gloses. 236 feuillets. 23 sur 15 centimètres. Neskhi. (Schefer, A. 159.)

5979.

كتاب شرح الصدور بشرح حال الموتى والقبور. Dissertation sur l'état des âmes entre la mort et la résurrection, par Djelal ed-Din Abd er-Rahman ibn Abou Bekr el-Soyouti.

Manuscrit copié en 969 H. (1561 J.-C.). 153 feuillets. 19 sur 13 centimètres. Neskhi; frontispice et encadrement. (Schefer, A. 160)

5980.

كتاب اثار الاول فى ترتيب الدول. Traité de politique, par Hasan ibn Abd-Allah, composé en Égypte en 708 H.

Manuscrit copié en 1108 H. (1599 J.-C.). 108 feuillets. 21 sur 14 centimètres. Neskhi. (Schefer, A. 161.)

5981.

شقايق النعمانية فى علما الدولة العثمانية. Même ouvrage que le manuscrit 5945.

XVIIᵉ siècle. 186 feuillets. 20 sur 14 centimètres. Talik. (Schefer, A. 162.)

5982.

تاريخ مسلم اللحجى. Quatrième volume de la Chronique de Mouslim el-Lahdji, depuis la conversion d'Abou Sofian à l'Islamisme jusqu'à l'année 627 H.

XIVᵉ siècle. 260 feuillets. 21 sur 14 centimètres. Neskhi. (Schefer, A. 163.)

5983.

كتاب الجرح والتعديل. Traité de la critique des traditions musulmanes, par Abou Mohammed Abd er-Rahman ibn Abou Hatem Mohammed Razi († 327 H.).

Xᵉ siècle J.-C. 93 feuillets. 21 sur 15 feuillets. Caractère intermédiaire entre le koufique et le neskhi. (Schefer, A. 164.)

5984.

تحفة الاصحاب ونزهة ذوى الالباب. Recueil d'anecdotes, d'historiettes, de fragments de chroniques et de biographies de différents personnages, par Shems ed-Din Mohammed el-Yéméni el-Shardji († 999).

Manuscrit copié en 1075 H. (1664 J.-C.). 273 feuillets. 20 sur 14 centimètres. Neskhi. (Schefer, A. 165.)

5985.

ربيع الابرار ونصوص الاخيار. Recueil d'anecdotes, par Abou'l-Kasem Mahmoud ibn Omar Djar Allah el-Khvarezmi el-Zamakhshari († 538 H.) — Tome II.

Manuscrit de luxe du XIIIe siècle de J.-C. qui a appartenu au khalife abbasside Mostanser billah († 1242 J.-C.). 176 feuillets. 19 sur 15 centimètres. Neskhi avec un titre orné. (Schefer, A. 166.)

5986.

كتاب الاوائل . Livre des origines, par Abou Hilal Hasan ibn Abd-Allah el-Askéri († 395 H.).

Manuscrit copié en 817 H. (1414 J.-C.) par Ahmed Ali el-Ansari el-Katib. 229 feuillets. 17 sur 14 centimètres. Neskhi. (Schefer, A. 167.)

5987.

الدرّة المنتخبة فى الادوية المجريّة . Recueil de formules pharmaceutiques et de talismans destinés à guérir les maladies, par un nommé Nasr ibn Nasr. — Exemplaire incomplet de la fin.

XVe siècle. 54 feuillets. 21 sur 19 centimètres. Neskhi, encadrements. (Schefer, A. 168.)

5988.

Préceptes adressés par Ali à son fils Hoseïn.

Manuscrit de luxe copié par Omar el-Mohtesib ard Roumi, sur du papier de l'Inde. XIVe siècle. 28 feuillets. 20 sur 13 centimètres. Neskhi. (Schefer, A. 169.)

5989.

كتاب سرّ الادب فى مجازى كلم العرب . Traité des métaphores de la langue arabe, par Abou Mansour Abd el-Melik ibn Mohammed el-Taalébi († 430 H.).

Manuscrit copié en 1006 H. (1597 J.-C.). 142 feuillets de papier de l'Inde. 19 sur 11 centimètres. Neskhi, encadrement et frontispice. (Schefer, A. 170.)

5990.

كتاب الطريق انواضح المسلوك الى تراجم الخلفا والملوك . Neuvième volume de l'Histoire d'Ibn el-Forat (Nasir ed-Din Mohammed ibn Izz ed-Din Abd er-Rahim. † 741 H.).

XVᵉ siècle. 214 feuillets. 19 sur 11 centimètres. Neskhi. (Schefer, A. 171.)

5991.

شقايق النعمانية فى علما الدولة العثمانية. Même ouvrage que le nº 5945.

Manuscrit daté de 1005 H. (1596 J.-C.). 219 feuillets. 15 sur 9 centimètres. Talik, avec encadrement et frontispice. (Schefer, A. 172.)

5992.

كتاب نصيحة الملوك. Traité de politique, traduit en arabe de l'original persan de Ghazzali. — Cet ouvrage a été écrit pour le sultan seldjoukide Mohammed, fils de Mélik Shah.

Manuscrit copié au XVIᵉ siècle. 133 feuillets. 17 sur 11 centimètres. Neskhi. Provient du Sérail. (Schefer, A. 173.)

5993.

تحفة الانام فى فضايل الشام. Traité des qualités de la Syrie, par Shems ed-Din Abou 'l-Abbas Ahmed ibn Mohammed el-Bosravi († 1003 H.).

Manuscrit daté de 1009 H. (1600 J.-C.). 169 feuillets. 18 sur 10 centimètres. Neskhi. (Schefer, A. 174.)

5994.

ديوان شهاب الدين. Divan de Shihab ed-Din.

XVᵉ siècle. 106 feuillets. 17 sur 13 centimètres. Neskhi, frontispice et encadrements. (Schefer, A. 175.)

5995.

Fol. 2 vº. Les cent sentences d'Ali.
Fol. 8 vº. Exhortations d'Ali à son fils Hoseïn.

Fol. 34 r°. Exhortations d'Ali à son fils Hasan.
Fol. 50 r°. Les qualités d'Ali.

XVI° siècle. 52 feuillets. 17 sur 13 centimètres. Neskhi. (Schefer, A. 176.)

5996.

محاضرة الاوايل ومسامرة الاواخر. Notices et biographies des personnages qui ont accompli un acte les premiers et les derniers, par Sektewari Roumi, plus connu sous le nom d'Ali Dédèh. (Cf. le n° 5933, 2°).

Manuscrit daté de 1118 H. (1706 J.-C.). 126 feuillets. 20 sur 14 centimètres. Neskhi. (Schefer, A. 177.)

5997.

حلية الكميت فى الادب والنوادر المتعلقة بالخمريات. Poésies à la louange du vin et chansons bacchiques, par Shems ed-Din Mohammed ibn Hasan el-Navadji († 859 H.).

Manuscrit daté de 1124 H. (1712 J.-C.). 193 feuillets. 21 sur 14 centimètres. Neskhi. (Schefer, A. 178.)

5998.

الانس الجليل بتاريخ القدس والخليل. Histoire de Jérusalem et d'Hébron, par Moudjir ed-Din Abou 'l-Yémin Abd er-Rahman el-Alimi († 927 H.).

XVIII° siècle. 356 feuillets. 20 sur 14 centimètres. Neskhi. (Schefer, A. 179.)

5999.

الاعلام باعلام بيت الله الحرام. Histoire de la Mecque, par Kotb ed-Din Mohammed ibn Ahmed el-Meliki († 998 H.).

Manuscrit copié en 1000 H. (1591 J.-C.). 214 feuillets. 21 sur 15 centimètres. Neskhi. (Schefer, A. 180.)

6000.

رسائل اخوان الصفا. Les lettres des « Frères de la Pureté ». —
Recueil de cinquante et un traités philosophiques et mystiques.
— Premier volume d'un exemplaire qui en comprenait quatre.

XVIIe siècle. 129 feuillets. 23 sur 15 centimètres. Neskhi. (Schefer, A.
181.)

6001.

كتاب الملل و النحل. Traité des diverses religions et sectes,
par Abou 'l-Fath Mohammed ibn Abd el-Kerim el-Shehristani († 548).

XVIe siècle. 297 feuillets. 21 sur 12 centimètres. Neskhi. (Schefer, A.
182.)

6002.

La xlviiie sourate (سورة الفتح) du Koran.

Manuscrit du Xe siècle J. C. 18 feuillets. 19 sur 13 centimètres. Koufique. (Schefer, A. 183.)

6003.

كتاب المخزن فى الفقه. Traité de jurisprudence hanbalite, par
Abou 'l-Berekat Medjd ed-Din Abd al-Selam Harrani.

XIVe siècle. Exemplaire collationné sur le manuscrit de l'auteur. 155
feuillets. 22 sur 16 centimètres. Neskhi. (Schefer, A. 184.)

6004.

القرآن. Fragments du Koran.

XVIe siècle. 13 feuillets. 21 sur 13 centimètres. (Schefer, A. 185.)

6005.

الموجز فى علم الطبّ. Traité de médecine, abrégé du Canon

d'Avicenne, par Abou'l-Hasan Ala ed-Din Ali ibn Abou 'l-Hazm el-Kourachi, plus connu sous le nom de Ibn el-Nefis.

XVIe siècle. 198 feuillets. 21 sur 12 centimètres. Talik. (Schefer, A. 186.)

6006.

كتاب السياسة والامامة. Histoire des khalifes depuis la mort de Mahomet jusqu'à la mort d'Haroun, par Abou Mohammed Abd Allah ibn Mouslim el-Kotcïba.

XVIIIe siècle. 169 feuillets. 21 sur 15 centimètres. Neskhi. (Schefer, A. 187.)

6007.

شرح النبذة السنية فى الزيارات الشامية. Commentaire sur un traité des pèlerinages en Syrie, par un nommé Mohammed Saïd.

XVIIIe siècle. 108 feuillets. 21 sur 15 centimètres. Neskhi. (Schefer, A. 188.)

6008.

نزهة الادبا وسلوة الغربا. Recueil d'anecdotes, par Omar el-Halebi.

Manuscrit daté de 1166 H. (1753 J.-C.). 72 feuillets. 20 sur 16 centimètres. Neskhi. (Schefer, A. 189.)

6009.

رسائل الامام ابى بكر الخوارزمى. Recueil des lettres de l'Imam Abou Bekr el-Khvarezmi, à la suite desquelles se trouve un mémoire adressé par ce personnage aux Shiites de la ville de Nishapour.

Manuscrit daté de 1044 H. (1634 J.-C.). 119 feuillets. 22 sur 13 centimètres. Neskhi. (Schefer, A. 190.)

6010.

خريدة العجايب وفريدة الغرايب. Traité de cosmographie et de géographie, par Siradj ed-Din Abou Hafs Omar ibn el-Verdi († 850 H.).

XVIᵉ siècle. 175 feuillets. 20 sur 12 centimètres. Neskhi, encadrements et frontispice. (Schefer, A. 191.)

6011.

Fol. 1 vᵒ. كتاب فضل الكلاب على من لبس الثياب. Hadji Khalifa donne à cet ouvrage le nom de كتاب فضل الكلاب على أكثر ممن والخ, par Abou Bekr Mohammed ibn Khalaf el-Merzeban Abou Omar Mohammed ibn Abbas ibn Mohammed ibn Zakariya ibn Hayyouba (حيويه) el-Khazzar (الخزار) el-Bagdadi († 366 H.). — Ce traité est précédé d'une introduction dans laquelle un kadi nommé Sheref ed-Din Abou Ali Mohammed, qui est qualifié de نقيب نقبا الاشراف et fils du *shérif*, du kadi Asaad ibn Ali el-Hoseïn el-Djouvani, rapporte que le *fakih* Abou Mohammed Abd el-Maula ibn Mohammed ibn Abou Abd Allah el-Leithi el-Maliki qui lui donna son diplôme de licence en 543, lui a raconté que le *fakih* Abou Nasr ibn Ibrahim el-Mokaddesi lui avait dit que le kadi Abou 'l-Kasem Ali ibn el-Mohasser ibn Ali el-Tenoukhi lui avait rapporté qu'Abou Omar ibn Abbas ibn Mohammed ibn Zakariya ibn Hayyouba el-Khazzar avait entendu lire le présent traité du commencement à la fin d'Abou Bekr Mohammed ibn Merzeban.

23 vᵒ. نور العيون فى تلخيص سيرة الامين المامون. Histoire de Mahomet, par Mohammed Shems ed-Din ibn Mohammed ibn Ahmed ibn Seyyid el-Nas el-Yagmouri. — Cet auteur avait composé à une date antérieure deux ouvrages auxquels il avait donné les titres de شمايل والسير et de عيون الاثر فى فنون المغارى.

Fol. 44 vᵒ. Recueil d'histoires et de traditions sans titre ni nom d'auteur, dans lequel on remarque en particulier l'histoire de Zobeida, fils d'Hamid, de Leila el-Ba'tiyya, d'Ahmed ibn Khelef, d'Abou Mohammed el-Hozami Abd Allah, d'el-Kendi, etc.

XVIe siècle. 82 feuillets. 20 sur 13 centimètres. Bon neskhi; reliure en maroquin estampé et doré. (Schefer, A. 192.)

6012.

La قصيدة ناصحة.

XVIe siècle. 11 feuillets. 22 sur 13 centimètres. Beau neskhi turc, à encadrements et frontispices; reliure maroquin estampé et doré. (Schefer, A. 193.)

6013.

فضايل الاتراك. Traité des mérites des Turcs, par Abou Osman Amrou ibn el-Djahiz.

XIXe siècle. 24 feuillets. 21 sur 14 centimètres. Neskhi. (Schefer, A. 194.)

6014.

Traité de musique anonyme, avec un recueil de chansons.

Manuscrit daté de 1032 H. (1622 J.-C.). 144 feuillets. 20 sur 14 centimètres. Neskhi. (Schefer, A. 195.)

6015.

كتاب يشتمل على نسب الجراكسة من قريش وهم من سلالة اسماعيل بن سيدنا ابراهيم. Ouvrage écrit pour démontrer que les sultans Mamlouks de la dynastie Circassienne descendent d'Ismaël, fils d'Abraham, et se rattachent à la tribu de Koreïsh, avec la liste de ces sultans depuis el-Melik el-Thahir Barkouk jusqu'à Sultan Selim.

Manuscrit copié en 1146 H. (1733 J.-C.). 29 feuillets. 21 sur 14 centimètres. Neskhi. (Schefer, A. 196.)

6016.

Récit des voyages du patriarche d'Antioche Makarios († 1659) écrit par son fils Paul, archidiacre d'Alep.

XVIIIᵉ siècle. 311 feuillets. 21 sur 16 centimètres. Neskhi. (Schefer, A. 197.)

6017.

كتاب الكنا والاسما. Livre des noms et surnoms, par Abou Beshr Mohammed ibn Ahmed ibn Hammad el-Ansari el-Daulabi († 320 H.). — Manuscrit contenant les tomes VII-XI de l'ouvrage.

XIᵉ siècle. J.-C. 234 feuillets. 23 sur 15 centimètres. Neskhi. (Schefer, A. 198.)

6018.

كتاب الحماسة. Poésies relatives aux *Journées* des Arabes, recueillies par Diya ed-Din Hibet Allah Ali ibn Mohammed ibn Hamza el-Alévi.

Manuscrit copié en 563 H. (1167 J.-C.) sur l'autographe. 151 feuillets. 21 sur 15 centimètres. Neskhi. (Schefer, A. 199.)

6019.

كتاب التمثل و المحاضرات. Recueil de proverbes et de mots plaisants, par Abou Ismaïl Abd el-Melik ibn Mansour el-Taalébi.

XIIᵉ siècle J.-C. 125 feuillets. 19 sur 15 centimètres. Neskhi. Frontispice. (Schefer, A. 200.)

6020.

Fol. 1 rᵒ. رسالة فى الانوى. Traité des phénomènes célestes, par Abou'l-Abbas Ahmed ibn Mohammed ibn Osman el-Yezdi el-Benna.

Fol. 15 v° تحفة الفلاح . Poème sur les mois de l'année romaine.

XVIII° siècle. 23 feuillets. 22 sur 15 centimètres. Neskhi. (Schefer, A. 201.)

6021.

تاريخ لطيف يشتمل على ذكر أكبر البلاد المعمورة . Description du Yémen et de l'Arabie, par Djemal ed-Din Abou 'l-Fath You-souf ibn Yakoub ibn Mohammed, surnommé el-Medjaver el-Sheïbani el-Dimishki.

XVIII° siècle. 190 feuillets. 20 sur 14 centimètres. Neskhi. (Schefer, A. 202.)

6022.

شرح المعلّقات . Commentaire des Moallakat, par Abou Abd Allah Hoseïn ibn Ahmed Zauzeni († 468 H.).

Manuscrit daté de 1147 H. (1734 J.-C.). 162 feuillets. 21 sur 15 centimètres. Neskhi. (Schefer, A. 203.)

6023.

البداية والنهاية . Histoire de l'Islamisme, par Imad ed-Din Abou 'l-Féda Ismaïl ibn Omar el-Dimishki, surnommé Ibn Kethir (774 H.). — Troisième volume comprenant la vie du Prophète.

XVI° siècle. 279 feuillets. 20 sur 15 centimètres. Neskhi. (Schefer, A. 204.)

6024.

انشا . Correspondance politique du kadi el-Fadil Abd er-Rahim ibn el-Beïsani, secrétaire du sultan Salah ed-Din († 596 H.). — Premier volume.

XIX° siècle. 137 feuillets. 22 sur 16 centimètres. Neskhi. (Schefer, A. 205.)

6025.

حديث. Traditions relatives au Prophète.

Manuscrit de grand luxe copié, au XVIII⁰ siècle, sur un exemplaire de la main du célèbre calligraphe Hafiz Osman, par Mohammed Hafiz Kebedji-zadèh. 6 feuillets de papier sablé d'or. 22 sur 15 centimètres. (Schefer, A. 206.)

6026.

كتاب فى تاريخ بشبك الظاهرى. Biographie de l'émir égyptien Bishbek, mamlouk d'el-Melik el-Thaher, depuis 875 H. (1470 J.-C.) jusqu'à sa mort.

XIX⁰ siècle. 74 feuillets. 22 sur 14 centimètres. Neskhi. (Schefer, A. 207.)

6027.

تاريخ الخلفا. Histoire des khalifes depuis l'an 90 H., par Djelal ed-Din Abd er-Rahman ibn Abou Bekr el-Soyouti.

Manuscrit daté de 1256 H. (1840 J.-C.). 219 feuillets. 21 sur 15 centimètres. Talik avec encadrements et frontispice. (Schefer, A. 208.)

6028.

كتاب ادب الكاتب. Précis des connaissances que doit réunir l'employé de chancellerie, par Abou Mohammed Abd Allah ibn Mouslim el-Koteïba († 276 H.).

Manuscrit daté de 1099 H. (1687 J.-C.). 167 feuillets. 19 sur 13 centimètres. Neskhi. (Schefer, A. 209.)

6029.

الحدايق البديّة فى انواع الادبيّة. Anthologie littéraire, par Yousouf el Bedii el-Dimishki († 1073 H.), précédée d'une biographie de cet auteur avec une table des matières et suivie d'un extrait des Prolégomènes historique d'Ibn Khaldoun traduit en turc osmanli.

Manuscrit copié à Constantinople en 1160 H. (1747 J.-C.). 216 feuillets. 20 sur 13 centimètres. Neskhi. Encadrements et frontispice. (Schefer, A. 210.)

6030.

كتاب الخراج. Le livre des impôts, par Yahya ibn Adam el-Kourashi.

XIIIe siècle J.-C. 95 feuillets. 20 sur 14 centimètres. Neskhi. (Schefer, A. 211.)

6031.

ديوان ابن هانى. Recueil des œuvres poétiques d'Abou'l-Kasem Mohammed ibn Hani el-Maghrebi, surnommé le Motennabi du Maghreb († 362 H.).

XVIIIe siècle. 86 feuillets. 21 sur 15 centimètres. Neskhi. (Schefer, A. 212.)

6032.

كتاب انبا نجبا الابنا. Anecdotes relatives aux enfants prodiges, par Shems ed-Din Mohammed ibn Mohammed el-Sikli († 565 H.).

XVIIIe siècle. 79 feuillets. 20 sur 14 centimètres. (Schefer, A. 213.)

6033.

ديوان عمر بن عبد الله بن ابى ربيعة المخزومى. Recueil des œuvres poétiques d'Omar ibn Abd Allah ibn Abou 'l-Rabi el-Makhzoumi († 93 H.).

XVIe siècle. 138 feuillets. 21 sur 15 centimètres. Neskhi. Encadrements. (Schefer, A. 214.)

6034.

1° ديوان اى القاسم. Divan d'Abou 'l-Kasem.

Fol. 75 v°. ديوان ابن عنين. Divan d'Abou 'l-Mahasen Sharaf
ed-Din Mohammed el-Dimishki ibn Onein († 630 H.).

Fol. 119 r°. قصيدة ابن هانى. Une *kasida* d'Ibn Hani († 362 H.).

Manuscrit copié en 1180 H. (1766 J.-C.). 120 feuillets. 20 sur 15 centimètres. Neskhi. (Schefer, A. 215.)

6035.

كتاب المستقصى فى فضايل المسجد الاقصى. Histoire de Jérusalem et particulièrement de la Mosquée el-Aksa, par Djelal ed-
Din Abd er-Rahman el-Soyouti, ou, suivant Hadji Khalfa,
par un auteur nommé Abou 'l-Kasem Ali ibn Hasan ibn Asakir
el-Dimishki. (Cf. n° 6054.)

Manuscrit copié en 1154 H. (1741 J.-C.). 150 feuillets. 21 sur 15 centimètres. Neskhi, avec encadrements. (Schefer, A. 216.)

6036.

تاريخ مصر. Abrégé d'histoire de l'Égypte depuis l'origine
jusqu'à la conquête de Sélim, avec une courte description de
ce pays, par Nouh Effendi.

XVIe siècle. 76 feuillets. 20 sur 15 centimètres. Neskhi, avec filet rouge.
(Schefer, A. 217.)

6037.

طبقات الحفاظ. Biographie des gens qui ont su le Koran par
cœur, par Djelal ed-Din Abd er-Rahman el-Soyouti.

Manuscrit copié en 1087 H. (1676 J.-C.). 199 feuillets. 21 sur 14 centimètres. Neskhi. (Schefer, A. 218.)

6038.

كتاب المنتخب فى ثمار الاوراق فى وصف مكارم الاخلاق. Recueil

d'anecdotes, par Taki ed-Din Abou Bekr ibn Ali el-Hamavi († 837 H.).

Manuscrit de luxe copié en 899 H. (1494 J.-C.) par Kasem ibn Mohammed el-Hanéfi. 117 feuillets. 18 sur 13 centimètres. Neskhi, avec encadrements et frontispice. (Schefer, A. 219.)

6039.

القصد والامم فى التعريف باصول انساب العرب و العجم. Généalogie des Arabes et des Persans, par Abou Omar ibn Yousouf ibn Mohammed ibn Abd Allah ibn Mohammed ibn Abd el-Berr el-Namari el-Kortobi († 463 H.).

XIX⁰ siècle. 62 feuillets. 25 sur 15 centimètres. Neskhi. (Schefer, A. 220.)

6040.

Traité sur les calendriers et les différents computs, et tables astronomiques composées à Khou-Tcheou بلده حو حـو, pour l'empereur de Chine, Tang Wang, بالك والك par Abou Mohammed Ata ibn Ahmed ibn Mohammed, fils du *khvadjeh* Ghazi el-Samarkandi.

Manuscrit autographe daté de 768 H. (1366 J.-C.), avec des annotations en chinois. 58 feuillets. 19 sur 13 centimètres. Mauvais neskhi sans points diacritiques. (Schefer, A. 221.)

6041.

القرآن. Fragment du Koran; depuis le verset 58 de la sourate XXIII (سورة المومنين) jusqu'au verset 19 de la sourate XXIV (سورة سبا).

Manuscrit de luxe copié à Boust, dans le Seïstan, en 505 H. (1111 J.-C.). 25 feuillets. 20 sur 14 centimètres. Beau neskhi, avec encadrements et frontispice. (Schefer, A. 222.)

6042.

اقناع فى العروض. Traité d'art poétique, par le vizir Abou 'l-Kasim Ismaïl ibn Abbad, surnommé el-Sahib († 385 H.).

Manuscrit daté de 567 H. (1171 J.-C.). 38 feuillets. 18 sur 12 centimètres. Neskhi. (Schefer. A. 223.)

6043.

ترجمان المترجم بمنتهى الارب فى لغة الترك والعجم و العرب . Dictionnaire des mots les plus usuels du turc, du persan et de l'arabe, par Shihab ed-Din Ahmed ibn Mohammed ibn Arabshah el-Dimishki el-Hanéfi († 854 H.).

XVIIe siècle. 370 feuillets. 21 sur 14 centimètres. Neskhi. (Schefer, A 224.)

6044.

Fol. 2°. مختصر شرح لامية العجم . Abrégé du commentaire de Salah ed-Din Khalil ibn Aïbek el-Safadi, sur le traité de conjugaison en vers de el-Toghrai, intitulé *Lamiyyat el-Afal*; copié en 1047 H. (1637 J.-C.).

Fol. 35 v°. شرح قصيدة دعد . Commentaire sur la *Kasida Daad*, copié pour Moustafa Kupruli Pacha.

Fol. 51 v°. صندوقة المعارف . Problèmes d'arithmétique en persan, par le *khadjeh* Ishak Effendi († 1120).

XVIIIe siècle. 195 feuillets. 20 sur 12 centimètres. Nestalik, avec encadrements et frontispice. (Schefer, A. 225.)

6045.

كتاب المصادر . Traité des *masdars*, ou noms d'action des verbes arabes, avec leurs équivalents en persan, par Abou Abd Allah Hoseïn ibn Ahmed el-Zauzéni.

XVIIe siècle. 219 feuillets. 21 sur 15 centimètres. Neskhi. (Schefer, A. 226.)

6046.

Dictionnaire persan commenté en turc, composé par Seïf ed-Din Abou 'l-Nasr, pour Raghib Pacha, en 1004 H. — Il contient principalement l'explication des termes culinaires et gastronomiques.

XVIII⁰ siècle. 63 feuillets. 22 sur 12 centimètres. Nestalik, avec encadrements. Reliure en maroquin estampé et doré. (Schefer, A. 227.)

6047.

Les cent sentences d'Ali en arabe, traduites en quatrains persans.

XVI⁰ siècle. 18 feuillets. 20 sur 12 centimètres. Nestalik, avec encadrements et frontispice. (Schefer, A. 228.)

6048.

Fol. 1 r°. رسالة فى علم التوحيد. Traité sur l'unité de Dieu, par Moustafa ibn Ali el-Asiri.

Fol. 7 v°. تخميس البردة. Takhmis en persan de la Borda du sheïkh Bousiri.

Fol. 42 v°. تسبيع البردة. Tesbi de la Borda, par Mohammed el-Malati el-Misri.

XVII⁰ siècle. 65 feuillets. 19 sur 13 centimètres. Neskhi et nestalik. (Schefer, A. 229.)

6049.

اربعين. Les quarante traditions du Prophète avec une traduction en quatrains persans.

Manuscrit de luxe du XVII⁰ siècle. 8 feuillets. 23 sur 14 centimètres. Neskhi et nestalik, avec encadrements et frontispice. (Schefer, A. 230.)

6050.

اربعين. Le même ouvrage.

Manuscrit de luxe copié en 891 H. (1486 J.-C.) par Zeïn el-Abidin ibn Mohammed. 9 feuillets. 21 sur 16 centimètres. Neskhi et nestalik, avec encadrements et frontispice. (Schefer, A. 231.)

6051.

تحفة الاريب فى الردّ على اهل الصليب. Réfutation du Christia-
nisme, écrite par un prêtre renégat originaire de Majorque, qui
avait pris le nom d'Abd Allah ibn Abd Allah el-Tordjamani,
en 823 H. Elle est accompagné d'une traduction turque.

XVIIIᵉ siècle. 189 feuillets. 20 sur 13 centimètres. Neskhi. (Schefer, A.
232.)

6052.

Le même ouvrage.

Manuscrit copié en 1197 H. (1783 J.-C.). 245 feuillets. 20 sur 13 centimètres. Neskhi, avec encadrements et frontispice. (Schefer, A. 233.)

6053.

Recueil de différents traités parmi lesquels :

Fol. 2 vᵒ. Une pièce de vers traitant de sujets scientifiques sans
nom d'auteur, intitulée هذا ابيات التعليم المتعلم, en arabe, avec des
gloses interlinéaires en langue turque; copiée en 1140 H.

Fol. 15 vᵒ. Plusieurs kasidèhs parmi lesquelles celles de Naïb
Efendi; l'une d'elles porte le titre de قصيدة على طريقة العرب العربا

يبتدى فيها ذكر الطول والاثار وقطانها النازحة الديار.

Fol. 44 rᵒ. وقعه سلطان مصطفا در ادرنه Le ou récit des aventures
qui arrivèrent à Sultan Moustapha à Édirnèh (Andrinople),
par Rakhfi Tchelébi.

Fol. 96 vᵒ. اسما اصحاب بدر. Les noms des compagnons de Mahomet qui se battirent à ses côtés à la journée de Bedr.

Fol. 99 vᵒ. تواريخ آل عثمان. Tableaux chronologiques de la
dynastie osmanlie.

Fol. 104 rᵒ. رسالة خطّ Le. Traité de calligraphie, composé par
Nefsi Zadèh.

XVIIᵉ et XVIIIᵉ siècles. 130 feuillets. 21 sur 13 centimètres. Neskhi, talik et nestalik. (Schefer, A. 234.)

6054.

كتاب اتحاف الاحصّا بفضايل المسجد الاقصى . Traité sur l'excellence de la Mosquée de Jérusalem, par Mohammed ibn
Ibrahim ibn Mohammed el-Soyouti. Malgré son titre et l'indication du nom de Mohammed el-Soyouti, cet ouvrage est le
même que le n° 6035.

Manuscrit copié en 1008 H. (1599 J.-C.). 172 feuillets. 20 sur 14 centimètres. Neskhi. (Schefer, A. 234 *bis*.)

6055.

Fol. 1 v°. Plusieurs sourates du Koran.

Fol. 49 r°. Le اسما الحسنى . Traité sur les noms de Dieu.

Fol. 60 r°. Prières en turc.

Folio 67 r°. Sceaux de Mahomet et de Djaafer el-Sadik.

Fol. 70 v°. Trois peintures représentant Jérusalem, La
Mecque et Médine.

Fol. 72 v°. L'étendard de Mahomet et de Hoseïn.

Fol. 75 v°. Le شفا المومن , « le remède du croyant. »

Manuscrit de luxe de la fin du XVIII° siècle. 138 feuillets. 20 sur 12
centimètres. Neskhi, avec encadrements et frontispice. (Schefer, A. 235.)

6056 *et* 6057.

اكليل فى انساب حمير وايّام ملوكها . Traité des généalogies des
tribus qui habitent le Yémen et histoire de leurs souverains,
par Abou Mohammed Hasan ibn Ahmed ibn Yakoub Hamdani
el-Yéméni, connu sous le nom d'Ibn Haik (334 H.). — Volumes
VIII° et X°.

Manuscrit daté de 1303 H. (1886 J.-C.). 44 et 45 feuillets. 24 sur 17 centimètres. Neskhi. (Schefer, A. 236.)

6058.

قرة العيون باخبار اليمن الميمون . Même ouvrage que le n° 5821.

XIX° siècle. 118 feuillets. 24 sur 17 centimètres. Neskhi. (Schefer, A. 237.)

6059.

شرح الكافية لابى الفدا. Commentaire sur la Kafiyya d'Ibn el-
Hadjib, par Abou 'l-Féda.

XVIII° siècle. 59 feuillets. 27 sur 16 centimètres. Neskhi, avec encadrement et frontispice. (Schefer, A. 238.)

6060.

كتاب طرفة الاصحاب فى معرفة الانساب. Généalogie des tribus
arabes du Yémen, par el-Melik el-Ashraf Abou Hafs Omar
ibn Sultan Yousof ibn Omar ibn Ali ibn Resoul el-Ghassani,
troisième souverain de la dynastie des Rasoulides du Yémen
(694-696 H.).

XIX° siècle. 33 feuillets. 24 sur 17 centimètres. Neskhi. (Schefer, A. 239.)

6061.

تاريخ كيف كان ظهور شيخ الاسلام محمّد بن عبد الوهاب. Histoire
de la vie et de la révolte du célèbre Mohammed ibn Abd el-
Wahhab.

XIX° siècle. 28 feuillets. 23 sur 18 centimètres. Neskhi. (Schefer, A. 240.)

6062.

تاريخ ثغر عدن. Histoire d'Aden, par el-Tayib ibn Abd Allah
ibn Ahmed. (Cf. le n° 5963.)

Manuscrit copié en 1303 H. (1886 J.-C.). 60 feuillets. 24 sur 17 centimètres. Neskhi. (Schefer, A. 241.)

6063.

اربعين. Les quarante traditions de Mahomet, traduites en
quatrains persans.

Manuscrit de luxe copié en 886 H. (1481 J.-C.) par un nommé Sélim.
10 feuillets. 23 sur 15 centimètres. Encadrements et frontispice. (Schefer,
A. 242.)

6064.

كتاب الانشا. Recueil de lettres et de pièces poétiques sans aucun titre et sans nom de compilateur. — On y trouve la lettre que Mahomet écrivit au Kaisar de Roum avec la réponse qu'y fit ce souverain; plusieurs lettres d'Ali, fils d'Abou Taleb; une pièce de vers à la louange du sultan Soleiman, une autre en l'honneur de son fils Sultan Moustafa Khan.

XVIIe siècle. 10 feuillets. 22 sur 14 centimètres. Rikaa, avec frontispice et encadrements. Reliure en maroquin estampé et doré. (Schefer, A. 243.)

6065.

كتاب النجوم الزاهرة فى ملوك مصر والقاهرة. Histoire des souve-rains de l'Egypte, par Djemal ed-Din Abou 'l-Mahasen Yousouf ibn Taghribardi el-Zahiri († 874 H.). — Volume contenant le récit des événements qui se sont passés en Égypte, depuis le règne d'el-Melik el-Kamil jusqu'à celui de el-Melik el-Zahir Baïbars.

Exemplaire de luxe copié en 879 H. (1471 J.-C.) par Khattab ibn Omar el-Dendjavi. 298 feuillets. 27 sur 18 centimètres. Neskhi. (Schefer, A. 244.)

6066.

الهادى الشادى. Traité de lexicographie arabe formant un supplément au كتاب السامى فى الاسامى d'Abou 'l-Fadl Ahmed ibn Mohammed el-Meïdani († 518 H.).

XVIIIe siècle. 70 feuillets. 20 sur 12 centimètres. Neskhi, avec encadrements et frontispice. (Schefer, A. 245.)

6067.

اربعين. Les quarante traditions de Mahomet, traduction accompagnée d'une courte préface en turc oriental.

Manuscrit de grand luxe, copié en 911 H. (1495 J.-C.) par Sultan Ali el-Meshhedi. 6 feuillets de papier sablé d'or. 24 sur 15 centimètres. Nestalik, avec encadrements et frontispice. (Schefer, A. 246.)

6068.

كتاب انساب الاشراف. Généalogie des descendants du Prophète, par Ahmed ibn Yahya el-Katib el-Bagdadi el-Belazori
(† 279 H.).

XIXe siècle. 810 feuillets. 21 sur 18 centimètres. Neskhi. (Schefer, A.
247.)

6069.

كتاب بغية المستفيد فى اخبار مدينة زبيد. Histoire de Zébid, capitale du Yémen, par Woudjih ed-Din Abd er-Rahman ibn
Ali ibn Daïba el-Sheïbani († 944 H.).

Manuscrit de luxe, copié en 985 H. (1577 J.-C.) pour un émir nommé Yakoub-
beg, et collationné sur l'exemplaire de l'auteur. 147 feuillets. 29 sur 20 centimètres. Neskhi, avec encadrements et frontispice. (Schefer, A. 248.)

6070.

كتاب الاقاليم السبعة. Le livre des sept climats, composé par
Ahmed ibn Yakout ibn Abd Allah el-Djézeri el-Hamawi.

XIXe siècle. 39 feuillets. 27 sur 19 centimètres. Neskhi. (Schefer, A.
249.)

6071.

كتاب فيه الاسما الحسنى وادعية الايام السبعة. Traité sur les noms
de Dieu et prières pour les sept jours de la semaine, par un
nommé Saaded-Din.

Manuscrit de luxe, copié au XVe siècle par Djanoum Mezrouk, pour le
sultan d'Égypte el-Melik en-Nasir Abou Saadat Mohammed (déposé en
1496 J.-C.). 31 feuillets. 26 sur 17 centimètres. Neskhi, avec encadrements
et frontispices. (Schefer, A. 250.)

6072.

البردة. La Borda du sheïkh Bousiri.

Manuscrit copié à Damas en 835 H. (1431 J.-C.) par Abou 'l-Baka Mohammed el-Saadi, intendant de l'armée égyptienne. 36 feuillets. 31 sur 20 centimètres. Neskhi, avec encadrements et frontispice. (Schefer, A. 251.)

6073.

القرآن. Le Koran.

XIVe siècle. 302 feuillets. 38 sur 28 centimètres. Neskhi, avec encadrements et frontispice. (Schefer, A. 252.)

6074.

Album de trente-sept peintures et dessins du milieu du xvie siècle, avec des modèles d'écritures, signés Fakhri ibn Vali el-Boursevi.

XVIe siècle. 22 feuillets. 21 sur 14 centimètres. Reliure en laque peinte. (Schefer, A. 253.)

6075, 6076, 6077.

Trois volumes formant un album de peintures, les unes persanes, les autres indiennes, des xvie et xviie siècles.

XVIe, XVIIe siècles. 16, 16, 16 feuillets. 34 sur 24 centimètres. (Schefer, A. 254.)

6078.

Recueil de peintures indiennes et persanes des xvie-xviiie siècles.

XVIe, XVIIe et XVIIIe siècles. 18 feuillets. 31 sur 23 centimètres. Reliure en soie. (Schefer, A. 255.)

6079.

Fol. 1 v°. Les sourates VI, XVIII, XXXVI, LVI, LXVII, LXXVIII, LXXIX du Koran.

Fol. 43 v°. Prières pour les sept jours de la semaine.

Fol. 49 v°. La sourate XLIX du Koran.

Manuscrit de luxe, copié au XVIIe siècle par le calligraphe Hasan, originaire de la ville de Karahissar. 55 feuillets de papier sablé d'or. 18 sur 12 centimètres. Neskhi, avec encadrements et frontispices.(Schefer, A. 256.)

6080.

كتَاب فى تحقيق ما للهند من مقولة مقبولة فى العقل او مرذولة .

Tableau historique, scientifique, politique et littéraire de l'Inde, par Abou 'l-Reïhan Mohammed ibn Ahmed el-Birouni († 440 H.).

Manuscrit copié en 554 H. (1159 J.-C.) et collationné sur l'autographe. 159 feuillets. 26 sur 16 centimètres. Neskhi. (Schefer, A. 257.)

6081.

Modèles d'écriture.

Manuscrit de luxe copié au XVIIe siècle par le calligraphe Mohammed Ayasoufiahi Kebir, disciple d'Ismaïl Aga el-Zehebi. 15 feuillets de papier saupoudré d'argent. Neskhi, avec encadrements et frontispice. (Schefer, A. 258.)

6082.

القرآن . Le Koran.

Exemplaire copié au XIIIe siècle, par le célèbre calligraphe Yakout el-Mostaasemi. 382 feuillets. 18 sur 12 centimètres. Neskhi, avec encadrements et frontispice. (Schefer, A. 259.)

6083.

شفا فى تعريف حقوق المصطفى . Les mérites du Prophète, par Abou 'l-Fazl Iyaz ibn Mousa el-Yahsoubi († 544 H.).

Manuscrit de luxe copié en 1173 H. (1759 J.-C.). 314 feuillets. 19 sur 11 centimètres. Neskhi, avec encadrement et frontispice. (Schefer, A. 260.)

6084.

Recueil contenant principalement des extraits du commen-

taire des منازل السايرين et des opuscules d'Ali el-Kari, des
extraits des commentaires de Djami, une histoire des juris-
consultes par Kémal Pacha, etc. En voici le détail complet :

Fol. 1 v⁰. القصيدة الامالية فى العقايد, par Abou 'l-Hasan avec un
commentaire interlinéaire très étendu qui en forme un commentaire perpétuel, copié par un nommé Moustafa Djemal ed-
Din, surnommé Nafiz ibn Mohammed ibn Moustafa ibn Elias
Touryouki en 1146 H. (1733 J.-C.).

Fol. 15 r⁰. Les مواعظ عجيبة فى ذم الدنيا en prose, glosé comme
le précédent traité.

Fol. 18 r⁰. بعض الملخّصات من شرح منازل السايرين

Fol. 25 r⁰. الاصل الثامن فى المحبة من جواهر القران

Fol. 27 r⁰. باب الابانة وباب الاخبات من شرح منازل السايرين

idem. بعض اللوامع من شرح الحرية للجامى

Fol. 29 r⁰. قصيدة حمزية الحسنى من شرحه لملّا جامى

Fol. 36 r⁰. باب الحزن وباب الاستقامة من شرح منازل السايرين

Fol. 37 r⁰. مواعظ عجيبة فى ام الزرق

Fol. 38 r⁰. بيان الاحاديث الموضوعة لعلى القارى

Fol. 64 v⁰. طبقات الفقها لابن كمال باشا

idem. رسالة ان افعال الله تعالى ليست معللة بالاغراض للسيد شريف

Fol. 65 r⁰. رسالة الادب فى رجب لعلى القارى

Fol. 66 r⁰. حديث الاربعين فى جوامع الكلم لعلى القارى

Fol. 66 v⁰. تحسين الطوية بحسن النبة العلى القارى

Fol. 69 r⁰. الاحاديث القدسيّة الاربعينية لعلى القارى

Fol. 70 v⁰. رسالة الفنوى فى احوال الروح

Fol. 71 v°. رسالة الدخان للشيخ ابراهيم اللقانى

XVIIe siècle. 73 feuillets. 21 sur 13 centimètres. Assez bonne écriture turque écrite dans tous les sens et dans les marges. Reliure en cuir. (Schefer, A.....)

6085.

Deuxième volume d'un traité d'astronomie et de mécanique céleste.

Manuscrit daté de 1091 H. (1680 J.-C.). 175 feuillets. 22 sur 12 centimètres. Neskhi cursif. (Schefer, A....)

6086.

Fragment d'un calendrier, ou plutôt d'un traité de cosmographie, contenant en particulier la prévision du temps pour les différents mois de l'année désignés par leurs noms syriens de اشباط, ادار, etc., le tableau des phases de la lune, le plan du monde réparti autour de la Kaaba.

XVIIe siècle. 2 feuillets. 20 sur 15 centimètres. Neskhi syrien. (Schefer, A.....)

6087.

Fragment d'un Koran écrit en caractères koufiques sur parchemin.

IIIe siècle de l'hégire. 6 feuillets. 34 sur 27 centimètres. (Schefer, A.....)

6088.

Amulette arabe contenant des fragments du Koran et des prières.

XVe ou XVIe siècle. 912 sur 10 centimètres. Bon neskhi et koufique, avec encadrements en or et en couleurs. (Schefer, A....)

6089.

القرآن. Le Koran.

Manuscrit copié en 1255 H. (1839 J.-C.) dans la Transoxiane. 407 feuillets. 24 sur 15 centimètres. Neskhi. (Schefer, A....)

6090.

كتاب تمهيد فى الردّ على الملحدة المعطّلة والرافضة والخوارج والمعتزلة.

Traité de la réfutation des sectes hérétiques, en particulier des sectes Alides et des Motazallites, par Abou Bekr Mohammed ibn el-Tayyib el-Ashkari, plus connu sous le nom d'el-Bakkalani, composé en 472 H.

Manuscrit copié au XIᵉ siècle de J.-C. par Ahmed ibn Obeïd Allah, pour la bibliothèque de Motavakkel ila Allah Abou Mohammed Omar ibn Mohammed ibn Abd Allah ibn Mohammed ibn Moslama. 98 feuillets de parchemin. 22 sur 16 centimètres. Neskhi maghrébin. (Schefer, A......)

MANUSCRITS PERSANS

Nᵒˢ 1303 à 1578

1303.

هفت بيكر. Les « Sept Portraits » de Nizam ed-Din Abou Mohammed Elias ibn Yousouf, plus généralement connu sous le
nom de Nizami († 599 H.). — Ce *mesnevi* forme la quatrième
partie de la *khamsèh* de cet auteur qui fut composée pour
l'atabek Ala ed-Din Karb Arslan.

Manuscrit daté de 1004 H. (1595 J.-C.). 28 feuillets. 38 sur 24 centimètres. Bon nestalik; reliure laquée. (Schefer, P. 1.)

1304.

عجايب البلدان. Traduction en persan de la Cosmographie de
Zakaria ibn Mohammed ibn Mahmoud el-Kazwini intitulée
اثار البلاد واخبار العباد. — Cet exemplaire commence au second
climat.

XVIIᵉ siècle. 488 feuillets. 36 sur 21 centimètres. Nestalik indien. (Schefer, P. 1 *bis*.)

1305.

Traité de géographie composé en 1242 H. (1826 J.-C.), par
Zeïn el-Abidin ibn Iskender Shirwani. — Il est divisé par climats suivant l'ordre alphabétique.

Manuscrit daté de 1234 H. (1867 J.-C.). 289 feuillets. 35 sur 23 centimètres. Bon nestalik. (Schefer, P. 2.)

1306.

جهان دانش. Traité de mécanique céleste primitivement écrit en arabe sous le titre الكفاية فى علم الهية, par Mohammed ibn Masoud el-Masoudi et divisé en trois *makalât*. — Cet ouvrage est l'une des sources de la Géographie d'Hafiz Abrou. Le présent exemplaire porte de nombreuses notes marginales en chinois.

Manuscrit copié en 739 H. (1388 J.-C.) par Ahmed ibn Osman ibn Kerim ed-Din el-Djauhéri el-Hérévi. 76 feuillets. 31 sur 20 centimètres. Neskhi sans points. (Schefer, P. 3.)

1307.

شاه نامه. Le « Livre des Rois » de Firdousi.

Manuscrit daté de 1023 H. (1614 J.-C.). 456 feuillets. 34 sur 22 centimètres. Bon nestalik. 26 peintures. (Schefer, P. 4.)

1308.

شاه ودرويش ou شاه و كدا. « Le roi et le mendiant », par Bedr ed-Din Hélali († 939 H.).

XVIᵉ siècle. 48 feuillets. 32 sur 21 centimètres. Beau nestalik, papier de couleur, reliure en cuir gaufré. (Schefer, P. 5.)

1309.

ديوان حافظ. « Divan » de Hafiz.

XVIIᵉ siècle. 191 feuillets. 34 sur 21 centimètres. Beau nestalik ; enluminures et peintures. Reliure en cuir gaufré. (Schefer, P. 7.)

1310.

ديوان بيرام. « Divan » de Beiram.

XVIᵉ siècle. 24 feuillets. 14 sur 10 centimètres. Papier sablé d'or avec bordures de 33 sur 23 centimètres. Bon nestalik. (Schefer, P. 7.)

1311.

تاريخ جهان كشاى . Histoire des dix premières années du règne de Feth Ali Shah Kadjar, par Mirza Mohammed Sadik
Mervézi. — Cet ouvrage est également connu sous le nom de
جهان آرا ; l'auteur l'a continué pour les six années suivantes.

XIX⁰ siècle. 169 feuillets. 33 sur 21 centimètres. Bon nestalik. (Schefer,
P. 8.)

1312.

كليات اسماعيل . Œuvres poétiques complètes de Kemal ed-
Din Ismaïl, dont plusieurs sont dédiées à Ala ed-Din Tukush,
à Djélal ed-Din Mankobirti, et aux princes de la dynastie des
Atabeks du Fars.

XVII⁰ siècle. 356 feuillets. 30 sur 17 centimètres. Belle écriture avec
encadrements; 4 peintures. Reliure en cuir gaufré. (Schefer, P. 9.)

1313.

قصص الانبيا . Histoire des Prophètes, par Ishak ibn Ibra-him
ibn Mansour el-Nishapouri (v⁰ siècle).

XVI⁰ siècle. 192 feuillets. 29 sur 19 centimètres. Beau nestalik. Exemplaire de luxe, avec encadrements, frontispices et 20 miniatures, provenant de la bibliothèque des empereurs timourides de l'Hindoustan. (Schefer, P. 10.)

1314.

كتاب اعلام الملوك المسمى براحة الصدور وروایة السرور . Histoire des Seldjoukides, depuis l'avènement de Toghroul-Beg
jusqu'aux invasions du Khvàrizmshah, par Nedjm ed-Din
Abou Bekr Mohammed ibn Ali el-Ravendi.

Manuscrit daté de 635 H. (1235 J.-C.). 179 feuillets. 31 sur 24 centimètres. Bon neskhi. (Schefer, P. 11.)

1315.

Grammaire de la langue persane, sans nom d'auteur.

Manuscrit daté de 1278 H. (1861 J.-C.). 54 feuillets. 32 sur 20 centimètres. (Schefer, P. 12.)

1316.

مواهب آلهی. Histoire de la dynastie des Mozafferiens, depuis ses origines jusqu'à 767 H., par Moïn ed-Din Ali Yezdi († 789).

XIXᵉ siècle. 92 feuillets. 34 sur 21 centimètres. Bon nestalik. (Schefer, P. 12.)

1317.

Histoire de l'Asie centrale et des dynasties qui y ont régné depuis l'époque d'Alankava jusqu'à la mort d'Abd el-Moumin Khan. — Le manuscrit qui est incomplet de la fin s'arrête avec l'année 1111 de l'hégire.

XVIIIᵉ siècle. 255 feuillets. 30 sur 21 centimètres. Assez bon neskhi. (Schefer, P. 14.)

1318.

زاد المسافرین. Traité de mysticisme, par Abou Moïn ed-Din Nasir-i Khosrau († 481 H.). — Il est divisé en vingt-sept chapitres dont on trouve les titres dans un فهرست écrit au feuillet 3.

XIXᵉ siècle. 201 feuillets. 31 sur 20 centimètres. Bon nestalik. (Schefer, P. 15.)

1319.

تاریخ عالم اراى عباسی. Histoire des règnes de Shah-Abbas Iᵉʳ et de Shah-Abbas II, par Iskender-Beg Mounshi, secrétaire

de la chancellerie des Séfévis. (Voir les n⁰ˢ 1348 et 1349.)
— Cette chronique fut terminée en 1025 H.; et en 1038 H.,
l'auteur y ajouta un appendice intitulé Maksad i-sani.

XVII⁰ siècle. 263 feuillets. 32 sur 18 centimètres. Bon nestalik. (Schefer,
P. 16.)

1320.

شرف نامه ou تاريخ الأكراد. Histoire des Kurdes, par Sheref
Khan, fils de Shems ed-Din, prince de Bitlis, que le sultan
Mourad nomma en 986 H. émir de tous les Kurdes. — Il naquit à Karahroud, près de Koum ; cette chronique fut terminée en l'année 1005 H.

XIX⁰ siècle. 247 feuillets. 32 sur 19 centimètres. Nestalik cursif. (Schefer, P. 17.)

1321.

نزهة القلوب. Recueil d'historiettes, par Seyyid Hoseïn Khorasani. — L'ouvrage du même titre de Hamd Allah Mostaufi
est tout différent.

XIX⁰ siècle. 83 feuillets. 31 sur 19 centimètres. Nestalik tendant au shikestèh. (Schefer, P. 18.)

1322.

خلاصة الاخبار فى بيان احوال الاخيار. Abrégé d'histoire générale depuis la création jusqu'en 905 H., par Ghyas ed-Din
Mohammed ibn Hosam ed-Din, généralement connu sous le
nom de Khondémir († 941).

XVII⁰ siècle. 463 feuillets. 33 sur 18 centimètres. Bon nestalik persan,
avec encadrements en or. (Schefer, P. 19.)

1323.

معارج النبوة فى مدارج النبوة. Vie de Mohammed, par Moïn ibn Hadji Mohammed el-Ferahi (+ 907). — Exemplaire comprenant la préface et les deux premiers chapitres, c'est-à-dire environ la moitié de l'ouvrage.

XVIIe siècle. 410 feuillets. 30 sur 21 centimètres. Bon nestalik indien. (Schefer, P. 20.)

1324.

اداب السلطنة. Traité de politique, sans nom d'auteur.

XVIIIe siècle. 28 feuillets. 29 sur 19 centimètres. Beau divani, avec encadrements et frontispices. (Schefer, P. 21.)

1325.

كتاب راحة الانسان. Recueil de conseils et d'apophtegmes moraux, par un anonyme.

XVIIe siècle. 38 feuillets. 29 sur 19 centimètres. Beau divani, avec encadrements en or et en couleurs. Manuscrit provenant de la bibliothèque du Sérail. (Schefer, P. 22.)

1326.

تاريخ الفى. Dernier volume de la « Chronique Millénaire », comprenant le récit des événements des années 671-981 de l'H. (1273-1573 J.-C.), depuis Takoudar Ahmed, jusqu'au shah séfevi Tahmasp.

XVIIIe siècle. 340 feuillets. 33 sur 21 centimètres. Bon nestalik. (Schefer, P. 23.)

1327.

آنشكده. Biographie de 842 poètes persans, par Loutf Ali

ibn Aga Khan Ador. — Cet exemplaire a été fini de copier en
1234 H. (1819 J.-C.), et collationné sur l'autographe qui est
conservé à Isfahan, dans le quartier nommé Ahmedabad,
dans la Médrésch-i Iltchi.

Manuscrit daté de 1234 hég. (1819 J.-C.). 275 feuillets. 30 sur 20 centimètres. Beau nestalik, avec encadrements et frontispice en or. (Schefer,
P. 24.)

1328.

اختيار الحسينى. Traduction, par un nommé Destour el-Vouzera,
d'un traité de médecine composé par Abou Ali ibn Meskouya
et du Kanoun el-Siasset. — Cette rédaction qui s'écarte beaucoup du texte arabe a été composée en 926 H. (1519 J.-C.).

XVIᵉ siècle. 38 feuillets. 30 sur 19 centimètres. Beau talik, avec encadrements en or. (Schefer, P. 25.)

1329.

خمسه خسرو دهلوى. Les « Cinq Poèmes » de Khosrav Dehlevi († 725 H.).

XVIIᵉ siècle. 248 feuillets. 26 sur 16 centimètres. Beau nestalik, avec
encadrements et frontispices en or et en couleurs. Cet exemplaire provient d'une bibliothèque royale dont le nom a été effacé. (Schefer, P. 26.)

1330 *et* 1331.

مجموع التواريخ. Histoire des Mongols, depuis leurs origines,
jusqu'au Séfevi Shah Tahmasp, par un anonyme.

XVIIIᵉ siècle. 262 et 408 feuillets. 30 sur 19 centimètres. Bon neskhi,
avec encadrements. (Schefer, P. 27.)

1332.

كتاب تاج المآثر فى التواريخ. Chronique générale anonyme.

XVᵉ siècle. 308 feuillets. 29 sur 21 centimètres. Bon neskhi persan, avec encadrements et frontispices en or et en couleurs. Cet exemplaire provient de la bibliothèque du Sérail. (Schefer, P. 28.)

1333.

اكبر نامه. Histoire du règne d'Akbar-Shah, par le vizir Abou 'l-Fazl ibn Moubarek († 1011 H.). — Cet ouvrage est divisé en trois parties, dont la dernière, qui ne se trouve point dans le présent exemplaire, porte le titre de ايين اكبرى.

XVIIe siècle. 356 feuillets. 30 sur 19 centimètres. Bon nestalik, avec frontispice et encadrements. (Schefer, P. 29.)

1334.

انوار سهيلى. Version modernisée du Livre de Kalila et Dimna, par Hoseïn Vaiz Kashifi.

XVIIe siècle. 251 feuillets. 30 sur 20 centimètres. Bon nestalik indien, avec encadrements et frontispice en or et en couleurs. (Schefer, P. 29 *bis*.)

1335.

سحات عين الحيات. Vie des Sheïkhs célèbres de l'ordre des Nakhsbendis, et particulièrement de Nasir ed-Din Obeïd Al-lah, qui vécut à Samarkand et mourut en 893 H.

XVIIe siècle. 263 feuillets. 30 sur 20 centimètres. Bon nestalik persan. (Schefer, P. 30.)

1336.

شرف نامه. Même ouvrage que le n° 1320.

XIXe siècle. 288 feuillets. 29 sur 20 centimètres. Bon nestalik turc. (Schefer, P. 31.)

1337.

Fol. 1 r°. تاريخ آل سلجوق. Histoire des Seldjoukides, sans

nom d'auteur et différente de celle qui fut écrite par Mohammed ibn Abou Abd Allah el-Hosaïni.

Fol. 94 r°. تاريخ سلاطين كرمان. Histoire des souverains kara-khitayens du Kirman, plus connue sous le titre de سمط العلى لحضرت العليا, par Nasir ed-Din Mounshi, qui fut secrétaire de la sultane Padishah Khatoun.

XIX° siècle. 210 feuillets. 29 sur 17 centimètres. Bon nestalik. (Schefer, P. 32.)

1338.

لب التواريخ. Histoire générale, depuis les temps les plus reculés jusqu'en 948 H., par Yahya ibn Abd el-Latif el-Hoseïni Kazwini († 962 H.), écrite sur la demande du prince Séfevi Abou 'l-Fath Behram Mirza, quatrième fils de Shah Ismaïl.

XVI° siècle. 85 feuillets. 30 sur 19 centimètres. Bon nestalik. (Schefer, P. 33.)

1339.

ديوان خاقان. Recueil des œuvres poétiques du roi de Perse Feth Ali Shah Kadjar.

Manuscrit de grand luxe daté de 1239 H. (1824 J.-C.). 75 feuillets. 28 sur 17 centimètres. Très beau nestalik, avec encadrements et frontispices en or et en couleurs. Reliure en laque. (Schefer, P. 34.)

1340.

حج نامه. Traité des cérémonies du pèlerinage, et description des lieux saints, en vers. — Cet exemplaire comprend dix-sept miniatures et a appartenu à un musulman chinois qui y a inscrit plusieurs notes.

XVII° ou XVIII° siècle. 20 feuillets. Bon nestalik. (Schefer, P. 35.)

1341.

زيج الغ بيك. Les tables astronomiques composées par ordre du sultan timouride Ouloug-Beg Kourkan, fils de Shah-Rokh, fils de Timour-Beg († 853 H.).

XVII⁰ siècle. 158 feuillets. 29 sur 18 centimètres. Assez bon nestalik. (Schefer, P. 36.)

1342.

Histoire de la famille des Barmékides, intitulée كتاب كنز
تاريخ آل برمك ou المعارف, par Abd el-Djélil ibn Yahya ibn Abd el-Djélil ibn Mohammed ibn Abd el-Baki el-Yezdi, et dédiée au sultan mozafféride Djelal el-Hakk wa 'l-Dounia wa 'l-Din Abou 'l-Fevaris Shah Shodja. — Elle est divisée en six *babs*, subdivisées elles-mêmes en حكايت. (Voir le n° 1351.)

XVI⁰ siècle. 173 feuillets. 26 sur 18 centimètres. Bon nestalik. (Schefer, P. 37.)

1343.

نگارستان. Recueil d'anecdotes et d'historiettes, par Ibn Mohammed Ahmed, surnommé le Kadi el-Ghaffari († 975 H.).

XVII⁰ siècle. 345 feuillets. 28 sur 17 centimètres. Bon nestalik indien. (Schefer, P. 38.)

1344.

ابسال وسلمان. Le poème de Djâmi, intitulé Absâl et Selmân.

XVI⁰ siècle. 55 feuillets. 27 sur 17 centimètres. Beau nestalik sur papier de couleur, avec encadrements et frontispices. Reliure en laque peinte, exécutée pour Davoud Pacha, gouverneur de Bagdad en 1244 H. (1828 J.-C.), par Mohammed el-Nakkash. (Schefer, P. 39.)

1345.

ديوان فانى. Recueil des poésies persanes de Mir Ali Shir Névaï († 906 H.). — L'émir Ali Shir n'employait le *tekhallus* de
Fânî que lorsqu'il écrivait en persan et réservait celui de Névaï
نواى pour ses poésies en turc oriental.

XVIIe siècle. 174 feuillets. 28 sur 18 centimètres. Très beau nestalik,
avec encadrements et frontispices. Reliure en cuir estampé. (Schefer,
P. 40.)

1346.

مسير بخارا. Itinéraire de Bokhara, description des villes
et des citadelles du Turkestan et du Ma-vera an-Nahar par
lesquelles passa Mir Izzet Allah مير عزة الله dans son voyage
en l'année 1812.

XIXe siècle. 102 feuillets. 21 sur 17 centimètres. Assez bon nestalik.
(Schefer, P. 41.)

1347.

روضة اولى الالباب فى تواريخ الاكابر والانساب. Histoire générale du monde, depuis la création jusqu'à l'avènement du
sultan mongol Abou Saïd Mirza Behadour Khan (717 H.),
par Abou Soleïman Daoud ibn Abou 'l-Fazl Mohammed ibn
Mohammed ibn Daoud el-Benakéti. — Cet auteur fut gratifié,
en 704 H., par le sultan Ghazan du titre de prince des poètes
ملك الشعرا ; sa principale source est la جامع التواريخ de Rashid
ed-Din.

XIXe siècle. 140 feuillets. 30 sur 18 centimètres. Bon nestalik. (Schefer,
P. 42.)

1348.

تاريخ عالم آراى عباسى. Histoire de la dynastie Séfevie. (Voir
le n° 1319.)

Manuscrit incomplet du commencement et de la fin, du XVII⁰ siècle,
offert à M. Schefer par Sani ed-Dauleh, comme l'indique une note écrite
sur l'un des feuillets de garde. 293 feuillets. 27 sur 16 centimètres. Bon
nestalik. (Schefer, P. 43.)

1349.

Le même ouvrage.

XVII⁰ siècle. 318 feuillets. 33 sur 18 centimètres. Assez bon nestalik.
'Schefer, P. 44.)

1350.

احسن التواريخ .١ Histoire des événements qui se sont produits
en Perse, depuis l'avènement de Shah Rokh Mirza jusqu'en
905 H., par Hasan-Beg, fils de l'émir Sultan Roumlou سلطان
رو ملو.

Manuscrit daté de 1089 H. (1678 J.-C.). 230 feuillets. 28 sur 18 centimètres. Bon nestalik persan, copié par un nommé Mohyi ed-Din Mohammed ibn Ali Afdal. (Schefer, P. 45.)

1351.

كتاب تواريخ آل برمك. Histoire des Barmékides, par Abd el-
Djélil Yezdi. (Voir le n° 1342.)

Manuscrit daté de 926 H. (1520 J.-C.) dont la copie fut commencée pour
Sultan Selim et fut terminée pour Sultan Sòleïman, dont il porte le cachet.
209 feuillets. 25 sur 17 centimètres. Bon nestalik turc. (Schefer, P. 46.)

1352.

انشا. Recueil de lettres, parmi lesquelles on remarque
celles de Kotb ed-Din Mohammed Shirazi à Ala ed-Daulah
Semnani, d'un sultan de la dynastie indienne des Nizamshahs
à Shah-Tahmasp, une lettre de Ala ed-Daulah Semnani au

sheikh Hoseïn Bulghari, du Nizamshah au Shirshah de Delhi, de Shah-Tahmasp au *seyyid* Mohammed Medeni, etc. ; avec des extraits de *kasidahs* et des chronogrammes.

XVIIe siècle. 56 feuillets. 29 sur 17 centimètres. Talik et nestalik, sur papiers de couleur. Reliure en cuir estampé. (Schefer, P. 47.)

1353.

انشا. Recueil de lettres divisé en trois chapitres.

XIVe siècle. 189 feuillets. 23 sur 16 centimètres. Bon neskhi. Ce manuscrit provient de la bibliothèque du Sérail. (Schefer, P. 47 *bis*.)

1354.

خطای نامه. Histoire du pays de Khitaï, nom sous lequel les musulmans connaissent la Chine du Nord, composée en 922 H. par Ali Akbar Khitaï. — Elle porte également le titre de رساله جین و ماجین.

XIXe siècle. 75 feuillets. 27 sur 17 centimètres. Bon nestalik, avec encadrements et frontispices. (Schefer, P. 48.)

1355.

جنك. Recueil comprenant des poésies, de Mani, Hélali († 939 H.) ; l'الهی نامه de Orfi de Shiraz († 999 H.) ; le *divan* de Faïzi († 1004 H.) ; de Vakhshi Bafiki († 991) ; le كلشن راز de Mahmoud Shébistéri († 720 H.) ; les *kasidas* de Fighani († 922 H.) ; le *divan* de Nasiri († 1110 ?).

Manuscrit copié à Meshhed par Abd el-Ghani ibn Khalil Allah Kazerani en 1082 H. (1671 J.-C.). 449 feuillets. 16 sur 25 centimètres. Bon neskhi, avec encadrements et frontispices. (Schefer, P. 49.)

1356.

Recueil contenant les pièces suivantes :

Fol. 2 v°. Le زبدة الحقايق d'Hamadani.

Fol. 116 v°. Le شرح دعا باد سرح.

Fol. 119 r°. Le كتاب افضل سمنانى.

Fol. 120 v°. Le « Traité sur l'amour » du *sheïkh* Néséfi, intitulé كتاب شيخ عزيز نسفى در عشق.

Fol. 123 v°. Le كتاب الحقيقة d'Ahmed el-Ghazzali.

Fol. 160 v°. Le كتاب قدسية حضرت شيخ روزبهان ou « Livre de la sainteté », par le *sheïkh* Rouzbehan (ou Rouzbehar).

Fol. 195 v°. Le كتاب بيان الاديان. « Exposé des différentes sectes religieuses ».

Fol. 224 v°. La رساله در معرفه بارى. « Traité de la connaissance de Dieu ».

Fol. 230 r°. Une lettre de Medjd ed-Din Bagdadi, le « sultan des sheïkhs », à Radi ed-Din Ali Lala.

Fol. 231 v°. Un traité intitulé تذكر المشايخ « Mémorial des *sheïkhs* ».

Fol. 236 v°. مقلات خواجه عبد الله انصارى. Les invocations du *khvadjeh* Abd Allah Ansari.

Manuscrit copié en 877 H. (1473 J.-C.) par un derviche nommé Ali ibn Abou Saïd. 242 feuillets. 24 sur 17 centimètres. Très beau neskhi, avec encadrements et frontispices. (Schefer, P. 50.)

1357.

كليّات سعدى. Œuvres complètes de Saadi.

Manuscrit copié en 865 H. (1461 J.-C), par un nommé Abd Allah. 193 feuillets. 25 sur 16 centimètres. Très beau nestalik écrit dans les pages et dans les marges, avec encadrements et frontispices; les quatre

premières pages sont richement enluminées. Reliure en maroquin noir
gaufré et doré. (Schefer, P. 51.)

1358.

مناجات. Invocations religieuses de Abou Ismaïl Abd Allah
ibn Abou 'l-Mansour Mohammed el-Ansari el-Herevi(✝ 481 H.).

Manuscrit copié au XVIᵉ siècle par le célèbre calligraphe Imad el-Hoseïni. 8 feuillets. 25 sur 15 centimètres. Très beau neskhi sur papier encadré de différentes couleurs. Reliure orientale avec dessins en or. (Schefer,
P. 52.)

1359.

كتاب المعجم فى اثار ملوك العجم. Histoire des souverains de la
Perse mazdéenne, depuis Kayoumers jusqu'à Noushirvan, par
Fadl Allah el-Hoseïni el-Kazwini, qui la dédia à l'*atabek* du
Louristan, Nousret ed-Din Ahmed ibn Yousouf Shah (✝ 730 H.).

XVIᵉ siècle. 128 feuillets. 26 sur 17 centimètres. Bon nestalik persan,
avec encadrements et frontispices. Reliure orientale en cuir gaufré.
(Schefer, P. 53.)

1360.

يوسف وزليخا. Histoire du prophète Joseph et de Zuleïkha, par Firdousi qui, d'après la préface de Baysonkor, composa cet ouvrage sur l'ordre du khalife abbaside Kader billah (381-442 H.), après qu'il eut écrit le *Shâh-Nameh*. — Cet
exemplaire contient douze miniatures.

XVIᵉ siècle. 230 feuillets. 26 sur 16 centimètres. Beau neskhi à encadrements et frontispices: les deux premières pages sont enluminées.
Reliure en maroquin noir estampé et doré. (Schefer, P. 54.)

1361.

ديوان شاهى. « Recueil des œuvres poétiques de l'émir Shahi
ou Agha Melik, fils de Djemal ed-Din Firouzkouhi, descendant des Serbadars (✝ 857 H.). — Cet exemplaire contient
quatre miniatures.

XVIe siècle. 41 feuillets. 25 sur 16 centimètres. Beau nestalik persan copié par un nommé Shah Mohammed. Reliure orientale en laque avec peintures. (Schefer, P. 55.)

1362.

نظام التواريخ . Histoire générale du monde depuis la création jusqu'en 674 H., par le *kadi 'l-kodat* Nasir ed-Din Abou 'Saïd Abd Allah, fils du *kadi 'l-kodat* Imam ed-Din Abou 'l-Kasem Omar ibn Fakhr ed-Din Abou 'l-Hasan Ali el-Beïdhawi, *kadi* de Shiraz († 685 H.).

XVIe siècle. 46 feuillets. 27 sur 18 centimètres. Bonne écriture intermédiaire entre le talik et le nestalik. Ce manuscrit a fait partie de la bibliothèque du Sérail. (Schefer, P. 56.)

1363.

كتاب تحفة البدايع . Recueil d'anecdotes en vers, écrites sous le règne de Nasir ed-Din Shah Kadjar, par Mirza Bedi uz-Zeman el-Shirazi, suivi du ابكار وافكار فى الترجيعات , du même poète. — Cet exemplaire contient trente peintures dans deux desquelles se trouve le portrait de Nasir ed-Din Shah.

Manuscrit daté de 1277 H. (1861 J.-C.). 41 feuillets. 27 sur 17 centimètres. Très beau nestalik persan, avec encadrements et frontispice, sur papier sablé d'or. Reliure en laque dorée. (Schefer, P. 57.)

1364 *et* 1365.

جامع التواريخ . Fragment de la Chronique générale de Rashid ed-Din Fadl Allah ibn Imad ed-Daulèh Abou 'l-Khair ibn Mouvaffik ed-Daulèh Ali, contenant une partie du second volume. — On trouve dans le premier de ces tomes l'histoire des Ghaznévides, Samanides, Khvarizmshahs et Seldjoukides. Le second est divisé en cinq sections contenant l'histoire des khalifes fatimites du Caire, celle des Ismaïliens, des Mongols et des Turcs depuis Oughouz, du Khitaï et de l'Inde. Ils sont données comme étant la تواريخ عالم d'Ahmed ibn Mohammed el-Bokhari, et comme ayant été copiés pour la bibliothèque du sultan Ouloug-Beg. Il est probable qu'ils ont été copiés sur un exemplaire de la جامع التواريخ provenant de la bibliothèque de ce prince.

XIXᵉ siècle. 336 et 239 feuillets. 26 sur 17 centimètres. Bon neskhi. Reliure en soie verte. (Schefer, P. 58, 58 *bis.*)

1366.

Recueil d'œuvres poétiques contenant : des commentaires des *Lamaat,* de Djami ; le *Goulshen-i Raz,* de Mahmoud Shébisteri ; le *Kenz el-Remouz,* de Seyyid Hoseïn ; le *Zad ul-Mousafirin,* du même ; le *Djauher-i Zat,* de Férid ed-Din Attar ; le *Tohfet el-Irakeïn,* de Khakani ; le *Sâm Nameh,* de Khadjeh Kermani ; le *Souz u-Guzar,* de Mohammed Rida Nevii Khaboushani ; les *Roubayyat,* de Kheyyam ; des fragments de *kasidahs* et des poésies d'Asir ed-Din Akhsikethi, Azraki, Djemal ed-Din Isfahani, Djorbadekani, Émir Téhérani, Enveri, Ibn Hisham, Katibi, Khakani, Lisani, Masoud, Mirza Echref, Nizam Asterabadi, Salman Savedji, Zahir Faryabi.

XVIᵉ siècle. 405 feuillets. 26 sur 16 centimètres. Bon nestalik persan écrit en travers des pages. Reliure orientale en maroquin violet doré. (Schefer, P. 59.)

1367.

ظفر نامه. Histoire de Timour Kourkan et de son empire jusqu'au règne de Khalil Sultan, par Shéref ed-Din Ali Yezdi († 858).

XVIᵉ siècle. 350 feuillets. 26 sur 17 centimètres. Assez bon nestalik persan. (Schefer, P. 60.)

1368.

كتاب تنبيه الغافلين. Traduction du célèbre traité d'exhortations morales, écrit en arabe, par Abou 'l-Leis Nasr ibn Mohammed ibn Ibrahim el-Samarkandi († 375 H.).

Manuscrit daté de 662 H. (1264 J.-C.), copié par un nommé Mohammed
ibn Masoud ibn Mohammed. 248 feuillets. 25 sur 17 centimètres. Belle écriture persane intermédiaire entre le neskhi et le nestalik. (Schefer, P. 61.)

1369.

Le تحفة الاحرار et le سبحة الابرار de Djami ; ces deux *mes-
nevis* forment la septième et la seconde partie du *Heft-Aureng* ; le deuxième est écrit dans les marges.

XVIIIe siècle. 130 feuillets. 24 sur 14 centimètres. Bon nestalik persan
copié par Mohammed Kavam ed-Din Shirazi ; encadrements et frontispices. Reliure en cuir rouge doré. (Schefer, P. 62.)

1370.

منظومة غنائى. Recueil de poésies et de récits de voyage de
Ghannayi, dans le dialecte de Bokhara. — On trouve à la fin,
la relation de la mort d'Osman, sultan de Constantinople.

XVIIe siècle. 113 feuillets. 26 sur 16 centimètres. Bon nestalik à filet
rouge. (Schefer, P. 63.)

1371.

كتاب مرزبان نامه. Recension en persan moderne d'un recueil
d'histoires morales analogues à celles du *Kalila et Dimna*,
composé par l'*ispehbed* Merzban ibn Roustem ibn Sharvin
Perim dans le dialecte particulier au Tabaristan, par Saad
el-Veravini. — Il le dédia à Abou 'l-Kasem Haroun ibn Ali
Vendan, vizir d'Euzbek, atabek de l'Azerbeïdjan.

Manuscrit copié en 1075 H. (1665 J.-C.), par Ibn Khadjeh Ali Mohammed Kasem el-Barfouroushi. 154 feuillets. 35 sur 14 centimètres. Bon nestalik. (Schefer, P. 64.)

1372.

Fol. 1 v°. Traité d'astronomie sans titre, par Abou 'l-Hasan
Goushyar ibn Liyyan el-Bashhiri el-Djabali, divisé en quatre
makalah.

Fol. 40 v°. Traité d'arithmétique intitulé مرشد المحاسبين,
composé par l'*ustad* Mohammed ibn Mansour Kémal el-Daulèh
wa'd-Din, divisé en huit chapitres.

Manuscrit daté de 720 H. (1321 J.-C.). 56 feuillets. 26 sur 18 centimètres. Nestalik tendant au shikesteh. (Schefer, P. 65.)

1373.

ديوان سلطان سليم قديم فاتح مصر وشام وحلب. Recueil des œu-
vres poétiques de Sultan Sélim, le conquérant de l'Égypte. —
Hadji Khalifa (tome III, p. 285, not. 5470) l'attribue à tort à
Sélim, fils de Soleïman.

Manuscrit du XVIIe siècle, copié par Abd el-Wahid el-Meshhedi. 46 feuillets. 26 sur 17 centimètres. Beau nestalik, avec encadrements et frontispice. (Schefer, P. 66.)

1374.

تاريخ زنديه ou كتاب كيتى كشاى. Histoire de la dynastie Zende,
par Mirza Mohammed Sadik el-Mausevi, qui portait le *tekhal-
lous* de Nami, et Abd el-Kerim ibn Ali Rida Shérif († 1209).

Manuscrit daté de 1252 H. (1836 J.-C.). 97 feuillets. 26 sur 16 centimètres. Assez bon nestalik. Reliure en peau de vache. (Schefer, P. 67.)

1375.

كتاب جهان كشاى. Histoire des Mongols, depuis Djinggiz-

Khakan jusqu'à l'expédition d'Houlagou contre les Ismaïliens (654 H.), par Ala ed-Din Ata Melik el-Djouveïni († 681 H.). — Ce manuscrit a été écrit pour un vizir dont le nom n'est pas donné sous sa forme complète, mais qui est nommé simplement Kemal el-Hakk wa 'd-Dounia wa 'd-Din Djelal el-Islam.

XVᵉ siècle. 234 feuillets. 24 sur 18 centimètres. Belle écriture intermédiaire entre le talik et le nestalik. Reliure en maroquin brun. (Schefer, P. 68.)

1376.

كرشاسب نامه . Poème épique sur les aventures de Guershasp, écrit sur le modèle du *Shâh-Nâmeh*, par Asadi, contemporain de Firdousi.

Manuscrit daté de 1262 H. (1846 J.-C.). 287 feuillets. 21 sur 16 centimètres. Nestalik indien passable. (Schefer, P. 69.)

1377.

Le même ouvrage.

Manuscrit daté de 1294 H. (1878 J.-C.). 300 feuillets. 21 sur 13 centimètres. Assez bon nestalik indien. Reliure en laque peinte. (Schefer, P. 69 *bis*.)

1378.

انشا . Recueil de modèles de correspondance divisés en deux *kism*, répartis en *bab*, *darb* et *fasl*. — On lit sur la reliure le titre de دستور الكاتب فى تعيين المراتب .

XVIᵉ siècle. 182 feuillets. 24 sur 18 centimètres. Bon nestalik tendant au shikesteh. (Schefer, P. 70.)

1379.

كتاب ذيل التحفة , كتاب تحفة العالم . Continuation de la *Tohfet* ou par Abd el-Latif ibn Abou Taleb ibn Nour ed-Din ibn Nimet Allah el-Hoscïni el-Mausevi.

La Tohfet fut écrite dans l'Inde en 1216 H., et dédiée au vizir du Nizam d'Haiderabad ; l'appendice a été composé dans cette même ville en 1219 H. — Ces deux ouvrages contiennent l'histoire de la ville de Shouster et le récit des pérégrinations de l'auteur.

XIXe siècle. 330 feuillets. 29 sur 15 centimètres. Nestalik. (Schefer, P. 71.)

1380.

کتاب ویس و رامین. Célèbre roman composé par Fakhr ed-Din Asaad Djourdjani, à la demande du gouverneur d'Isfahan, Amid ed-Din Abou 'l-Fath Mozaffer (440 H.).

Manuscrit exécuté pour Mohammed Khan, « le Sultan très auguste, l'Empereur sublime, le maître des nations, le chef des rois des Arabes et des Persans, Sultan Mohammed (II), fils de Mourad († 1481 J.-C.) ». 262 feuillets. 24 sur 14 centimètres. Bon nestalik. (Schefer, P. 72.)

1381.

تذکرة الاولیا. Notices sur soixante-dix saints et soufis, par Mohammed ibn Ibrahim Férid ed-Din Attar († 627).

XIIIe siècle. 244 feuillets. 24 sur 17 centimètres. Bon nestalik. (Schefer, P. 73.)

1382.

کلستان. Le Gulistan de Saadi.

Manuscrit de luxe du XVIe siècle. 153 feuillets. 24 sur 14 centimètres. Bon nestalik, avec encadrements et frontispices en or. (Schefer, P. 74.)

1383.

شرح قصاید انوری. Commentaire des poésies d'Envéri, par Mohammed ibn Daoud Alavi Shadyabadi. — L'auteur, qui était originaire de Mandou, dans la province de Malva, vécut sous le règne du sultan Nasir ed-Din Khildji († 916). — Un autre commentateur d'Envéri se nomme Mir Abou 'l-Hasan el-Farahani.

Manuscrit daté de 1036 H. (1626 J.-C.). 126 feuillets. 23 sur 13 centimètres. Bon nestalik. (Schefer, P. 74 *bis*.)

1384.

ديوان مولانا جامى. Les trois divans et les ghazels de Djami.

XVIIᵉ siècle. 510 feuillets. 25 sur 15 centimètres. Beau nestalik, avec encadrements et frontispices. Belle reliure gaufrée. Manuscrit provenant du Sérail. (Schefer, P. 75.)

1385.

تاريخ رشيدى. Histoire du Mongolistan jusqu'en 952 H., par Mohammed Haïder, fils de Mohammed Hoseïn Kourkan († 958 H.).

XIXᵉ siècle. 108 feuillets. 23 sur 15 centimètres. Bon nestalik. (Schefer, P. 76.)

1386.

ديوان شهاب الدين اديب صابر .Fol. 1 v°. Divan de Shihab ed-Din Adib Sabir, poète favori du sultan Sindjar, mort dans la seconde moitié du VIᵉ siècle de l'hégire.

جامع ابيات لطيفة شرف الدين شفروه .Fol. 44 v°. Poésies de Abd el-Moumin Sharaf ed-Din Shoufourveh, né à Shoufourveh, près d'Isfahan, et panégyriste du sultan Seldjoukide Toghroul-Beg.

Manuscrit de luxe daté de 1039 H. (1629 J.-C.), copié par Mohammed Hakim, fils de Kémal ed-Din el-Hoseïni el-Kirmani, pour la bibliothèque de Minoutcheher Khan. 91 feuillets. 25 sur 15 centimètres. Beau nestalik, avec encadrements et frontispices. (Schefer, P. 77.)

1387.

Sentences des Khalifes orthodoxes avec traduction persane,
par Rashid ed-Din Mohammed ibn Mohammed ibn Abd el-
Djelil el-Omari (descendant du khalife Omar), plus connu sous
le nom de Rashid-i Vatvat, chef du *divan* des affaires étrangères
sous le règne des sultans Atsiz et Il-Arslan ; il mourut en 578.

Les titres des quatre sections sont :

Fol. 1 v°. كتاب تحفة الصديق الى الصديق من كلام امام المومنين

ابى بكر الصديق.

Fol. 43 v°. كتاب فضل الخطاب من كلام امام المومنين عمر بن الخطاب

Fol. 89 v°. انس اللهفان من كلام امام المومنين عثمان بن عفان

D'après la préface, cette section a été dédiée au sultan Djélal
ed-Dounia wa'd-Din Abou 'l-Kasem Mahmoud, fils du Khvarizmshah Atsiz, fils d'Il-Arslan Mohammed.

Fol. 130 v°. المطلوب كل طالب من كلام امام المومنين وخاتم الائمة

الرشيدين على بن ابى طالب. Cette section est dédiée au même
prince que la précédente.

Manuscrit daté de 768 H. (1366 J.-C.). Nestalik arabe et nestalik persan, écrit par Fath Allah Omar el-Katibi el-Kazwini. 185 feuillets.
23 sur 15 centimètres. (Schefer, P. 78.)

1388.

شرف نامه فى اللغة. Dictionnaire des mots turcs employés en
persan, par Ibrahim Kavam ed-Din Faroki, qui le compo a
sous le règne du sultan du Bengale, Abou 'l-Mozaffer Barbek
Shah (862-879 H.), et qui le dédia au *sheïkh* Sharaf ed-Din
Mounyari, ce qui explique le titre de شرف نامه احمد منيرى
qu'on lui donne quelquefois.

XVII° siècle. 195 feuillets. 26 sur 15 centimètres. Bon nestalik, avec encadrements et frontispices. (Schefer, P. 79.)

1389.

فتوح الحرمين. Description en vers de La Mecque et de Médine, et des cérémonies du pèlerinage, écrite sur le mètre du *Makhzen el-Esrar* de Nizami, par Mohyi Lari († 933 H.). — Cet auteur mourut sous le règne de Shah-Tahmasp; il dédia ce poème à Mozaffer ed-Din ibn Mahmoud, souverain du Guzerate (917-932 H.).

Ce manuscrit contient dix-sept miniatures.

Manuscrit copié en 982 H. (1574 J.-C.) par Mohammed Yar Badakhshani dans l'enceinte de la mosquée de La Mecque, en face de la Kaaba. 44 feuillets. 34 sur 15 centimètres. Bon nestalik, avec encadrements. (Schefer, P. 81.)

1390.

ديوان كليم. Recueil des poésies de Abou Talib Kérim, né à Hamadan, et qui fut le poète lauréat de Shahdjihan. — Il mourut en 1062 H.

XVIII° siècle. 103 feuillets. 21 sur 13 centimètres. Nestalik. (Schefer, P. 82.)

1391.

Biographie des souverains de l'Asie centrale, par Mir Abd el-Kérim Boukhari.

Manuscrit daté de 1264 H. (1847 J.-C.). 89 feuillets. 21 sur 12 centimètres. Nestalik, avec encadrements et frontispice. (Schefer, P. 83.)

1392.

كتاب كيميا سعادت. Traité de soufisme, par Abou Hamid Mohammed ibn Mohammed ibn Mohammed el-Ghazali el-Tousi, surnommé حجة الاسلام « La Preuve de l'Islam » († 503).

La *Kimia-i Saadet* est un abrégé du *Ihya Oloum ed-Din* qu'il écrivit en arabe.

XIV° siècle. 374 feuillets. 16 sur 12 centimètres. Neskhi, avec titres enluminés. (Schefer, P. 84.)

1393.

رسالة فى علم الهيئة. Traité d'astronomie, par Zeïn ed-Din Ali
Koushdji, divisé en une *mokaddimah*, deux *kism* et deux
makalah.

Manuscrit de grand luxe écrit pour « le sultan, fils de sultan, fils de
sultan, Mohammed Khan (II), fils de Mourad Khan ». († 1481 J.-C.)
68 feuillets. 17 sur 10 centimètres. Beau nestalik, avec encadrements
et deux beaux frontispices. (Schefer, P. 85.)

1394.

كتاب تواريخ آل عثمان. Histoire des Osmanlis, composée par
Mohammed ibn Hadji Khalil el-Koniévi, sur le désir du sultan Mohammed Khan II, fils de Mourad.

Il commence par un abrégé de l'histoire des Seldjoukides.

XVᵉ siècle. 87 feuillets. 17 sur 13 centimètres. Beau neskhi persan.
Manuscrit provenant du Sérail. (Schefer, P. 86.)

1395.

كتاب جامع العلوم. Encyclopédie des sciences, composée par
Fakhr ad-Din Mohammed ibn Ahmed Razi († 606 H.), pour
le Khvarizmshah Ala ed-Dounia wa 'd-Din Abou 'l-Mozaffer
Tukush en 574 H. — Elle porte également le titre de جوامع العلوم.

Manuscrit daté de 1131 H. (1718 J.-C.). 171 feuillets. 20 sur 11 centimètres. Nestalik turc, avec encadrements et frontispice. (Schefer, P. 87.)

1396.

Fol. 2 vᵒ. كتاب رسم الخطّ. Traité de calligraphie en vers, pour
les six caractères *soulous, tauki, neskhi, rihan, rikaa* et *mohak-
kak*, par le calligraphe Medjnoun. — Son vrai nom était Mir Ali
Katib, et il était célèbre pour son habileté à copier le *nestalik*.
Il était fils de Mahmoud Rafiki, et client du prince uzbek Abd
Allah Khan (946 H.).

Ce traité fut composé en 909 H., et dédié à l'uzbek Sultan

Mozaffer. — La copie du présent manuscrit est datée de 909 H., c'est-à-dire qu'elle fut exécutée l'année même de la composition de l'ouvrage; elle est due au *kalam* de Mohammed ibn Behram.

Fol. 24 v°. رساله در علم خطّ. Traité de calligraphie en vers de Sultan Ali el-Meshhedi († 919 H., à Hérat), dont la renommée ne le cède pas à celle de Medjnoun. — On trouve dans la préface des renseignements très importants sur la vie de l'auteur. La souscription a été grattée.

XVII° siècle. 34 feuillets. 21 sur 13 centimètres. Nestalik, avec encarement et frontispices. (Schefer, P. 88.)

1397.

رساله راحت الانسان. Recueil de sentences, maximes et conseils en prose, par un anonyme.

XV° siècle. 15 feuillets. 16 sur 10 centimètres. Beau nestalik, avec encadrements et frontispices. (Schefer, P. 89.)

1398.

Fol. 1 v°. روشناى نامه. Le Roushenaï Nameh, « Livre de la lumière » de Nasiri Khosrau.

Fol 20 v°. سعادت نامه, « Livre du bonheur », de Nasiri Khosrau.

Fol. 35 v°. Le بلبل نامه, « Livre du rossignol », de Férid ed-Din Attar.

Fol. 57 v°. Le نزهة الاحباب, « Plaisir des amis », حكايت كل و بلبل, de Férid ed-Din Attar.

Fol. 70 v°. Le اسرار نامه « Livre des secrets », de Férid ed-Din Attar.

Fol. 1 r°. Une *kasida* de Fakhr ed-Din Ibrahim ibn Shehriyar Iraki, né à Hamadhan, client du célèbre *pervaneh*, Moïn ed-Din Soleïman. — Après l'assassinat de cet homme d'état par les Mongols (677 H.), il se fixa à Damas, où il mourut en 688 H.

Fol. 48 v°. نسخه از خلواتى در سلوك . Traité de soufisme.

Fol. 113 v°. Le وليد نامه ou پند نامه, « Livre des conseils »,
de Férid ed-Din Attar.

Manuscrit daté de 861 H. (1456 J.-C. . 175 feuillets. 17 sur 12 centimètres. Beau nestalik persan écrit dans le corps des pages et dans les
marges, avec encadrements et frontispice. Ce manuscrit provient de la
bibliothèque du Sérail. (Schefer, P. 90.'

1399.

Fol. 1 v°. خطبهٔ نورس. Préface de l'ouvrage intitulé *Nouras*,
par Nour ed-Din Mohammed Zohouri. — Le *Nouras* qui est un
traité musical fut composé par l'empereur Ibrahim Adelshah
(988-1037 H.).

Zohouri, né à Tershiz, vécut à la cour des sultans de
l'Inde et mourut en 1024 H. La plupart de ses œuvres sont
dédiées à Borhan ed-Din Sultan Nizamshah; elles sont aussi
ignorées en Perse que célèbres dans l'Inde.

Fol. 7 v°. خطبهٔ رساله خوان خليل. Préface du *Khân-i Khalil*,
composé par le même auteur, pour l'empereur Ibrahim Adelshah.

XVII° siècle. 22 feuillets. 21 sur 13 centimètres. Nestalik indien. (Schefer, P. 91.'

1400.

كتاب البيان. Le « livre de l'Exposition », fragment d'un traité
babi.

XIX° siècle. 90 feuillets. 10 sur 11 centimètres. Shikesteh. (Schefer,
P. 92.)

1401.

مهرو مشترى. Mesnévi de Mohammed ibn Ahmed Tébrizi,
panégyriste du prince ilkhanide Sheïkh Oweis (757-776 H.).
— Il mourut en 779 H., un an après avoir terminé cet ouvrage;
ce manuscrit contient six miniatures.

Manuscrit du XVI⁰ siècle, copié par Abd er-Rahman ibn Yousouf el-Hoseïni Mohebbi. 243 feuillets. 18 sur 10 centimètres. Nestalik persan. (Schefer, P. 93.)

1402.

انشا شيـخ ابو الفضل. Recueil des lettres d'Abou'l-Fazl, vizir de l'empereur Akbar.

XVIII⁰ siècle. 377 feuillets. 17 sur 9 centimètres. Beau nestalik indien, avec encadrements et frontispice. (Schefer, P. 94.)

1403.

Recueil de modèles d'écriture.

XVI⁰ siècle. 10 feuillets. 18 sur 10 centimètres. Bon nestalik. (Schefer, P. 95.)

1404.

كتاب ليلى ومجنون. Histoire de Léila et de Medjnoun, par Abd Allah Hatifi, fils de la fille du célèbre Nour ed-Din Djami († 927 H.). — Ce manuscrit contient trois miniatures.

XVII⁰ siècle. 85 feuillets. 18 sur 12 centimètres. Bon nestalik persan, avec encadrements et frontispice. (Schefer, P. 96.)

1405.

Recueil contenant les pièces suivantes :

Fol. 2 v⁰. أنموذج فى النحو. Exemples sur la syntaxe, en arabe, par Abou'l-Kasem Mahmoud ibn Omar el-Zamakhshari el-Khvarizmi, surnommé Djar Allah († 538 H.). — Ce traité est un abrégé du *Mofassal*; la copie en a été terminée le 25 Ramadan 644, par un nommé Hasan ibn Ali ibn Ahmed.

Fol. 28 v⁰. حدايق السحر فى دقايق الشعر. Traité de poétique, composé par Rashid ed-Din Saad el-Moulk Mohammed ibn Mohammed ibn Abd el-Djelil Vatvat, sous le règne du Khvarizmshah Atsiz. — La copie est datée de 668 H.

Fol. 73 v⁰. كار نامه خواجه جبريل بختيشوع. Conseils sur

l'hygiène, adressés par Djibraïl Bakhtishou au khalife Haroun
al-Rashid. — Non daté, probablement du vii⁰ siècle de l'hégire.

Fol. 78 v⁰. قصیده بدیهه فی الصناعه الشعریه. Traité d'art poétique, par Kavami Gendjevi. — Non daté, probablement du
vii⁰ siècle de l'hégire.

XIII⁰ siècle J.-C. 84 feuillets. 17 sur 7 centimètres. (Schefer, P. 97.)

1406.

Fol. 1 v⁰. انیس العشاق. Description de la beauté de la femme,
par Hasan ibn Mohammed Sheref Rami. — Ce traité est divisé en 19 *bab*, traitant chacune d'une des parties du corps. Il
a été dédié en 826 H. au sultan Abou'l-Feth Oweïs.

Fol. 41 v⁰. شرف نامه. Traité en vers sur les principes de l'Islam. — Cet ouvrage, qui se compose surtout d'extraits de la
Khamsèh de Nizami, est divisé en 35 *bab*.

XVI⁰ siècle. 78 feuillets. 17 sur 10 centimètres. Bon nestalik, avec encadrements et frontispice. (Schefer, P. 98.)

1407.

رساله حاتمیه. Histoire de Hatem Tai, par Kémal ed-Din Hoseïn ibn Ali surnommé el-Vaiz el-Kasheti, l'un des favoris
d'Ali Shir Nevai (✝ 910 H.).

XVII⁰ siècle. 46 feuillets. 18 sur 11 centimètres Bon nestalik, avec encadrements et frontispice. Reliure en maroquin doré. (Schefer, P. 99.)

1408.

Fol. 4 v⁰. دیوان مولانا اهلی. Divan d'Ehli, copié par le calligraphe Hoseïn Shirazi.

Fol. 74 v⁰. رساله عین الشفا. Commentaire sur un quatrain
d'Abd Allah ibn Abd el-Hayyi.

XVIe siècle. 103 feuillets. 19 sur 12 centimètres. Très beau nestalik, avec encadrements et frontispice. Reliure en maroquin doré. (Schefer, P. 100.)

1409.

Traité de mysticisme, d'après les doctrines des « Frères de la Pureté » اخوان الصفا.

XVIIe siècle. 14 feuillets. 17 sur 12 centimètres. Bon neskhi. (Schefer, P. 101.)

1410.

Fol. 1 v°. ديوان بساطى. Recueil des œuvres poétiques de Maulana Bisati Samarkandi. — Il fut le disciple d'Ismet de Bokhara, et poète favori du sultan timouride Khalil Sultan ; il mourut en 808 H. ou 815 H.

Fol. 80 v°. ديوان خيّالى. Recueil des œuvres poétiques de Maulana Kheyyali de Bokhara, mort sous le règne d'Ouloug-Beg Kourkan († 853 H.).

Manuscrit copié en 855 H. (1451 J.-C.) par Ali ibn Nizam el-Damaghani. 121 feuillets. 16 sur 8 centimètres. Bon nestalik, avec encadrements et frontispices. Reliure en maroquin rouge estampé. (Schefer, P. 102.)

1411.

ده نامه. Deh-Nameh, poème dédié au petit-fils de l'astronome d'Houlagou, Nasir ed-Din Tousi, par Rokn ed-Din Auhadi, fils d'Asil ed-Din Meraghi. — Son surnom lui vient de son maître spirituel Auhad ed-Din Hamid Kermani ; il mourut en 738 H. à Maragha, laissant en outre un *divan* et le جام جم ou « Coupe de Djemshid ».

XVIIe siècle. 58 feuillets. 17 sur 9 centimètres. Nestalik. (Schefer, P. 103.)

1412.

شاه و درویش. Mesnevi écrit par Bedr ed-Din Helali, et connu également sous le nom de شاه و گدا.

Ce volume contient quatre miniatures.

Manuscrit daté de 933 H. (1526 J.-C.). 61 feuillets. 17 sur 11 centimètres. Bon nestalik, avec encadrements et frontispice. (Schefer, P. 104.)

1413.

دیوان کلیم. Recueil des œuvres poétiques de Abou Talib Kélim. — Cet auteur, né à Hamadan, fut le poète favori de Shahdjihan qui le nomma Prince des Poètes ملك الشعرا ; il mourut en 1062 H., laissant incomplète une chronique en vers intitulée پادشاه نامه.

Manuscrit daté de 1087 H. (1676 J.-C.). 180 feuillets. 17 sur 9 centimètres. Bon nestalik persan, avec encadrements et frontispice. Reliure en maroquin doré. (Schefer, P. 105.)

1414.

قصّه محمود وایاز. Histoire du sultan Mahmoud et de sa favorite Ayaz, par Maulana Zelali. — Cet auteur, l'un des panégyristes de Mir Mohammed Baker, mourut en 1024 H. Commencée en 1001 H., cette histoire ne fut terminée qu'en 1024.

XVIIe siècle. 154 feuillets. 16 sur 9 centimètres. Bon nestalik. (Schefer, P. 106.)

1415.

Fol. 1 v°. ظفر نامه. Sentences de Bouzourdjmihir, vizir de Khosroès Anoushirvan, traduites du pehlvi en arabe. — Copiées en 831 H. (1427 J.-C.) par Nour ed-Din ibn Nizam ed-Din Tébrizi.

Fol. 1 v°. رباعیات افضل. Les quatrains de Baba Afdal Kashi (✝ 707 H.), écrits dans les marges de l'ouvrage précédent.

Fol. 14 v°. كلمات حضرت خواجه عبد الله انصاری. Sentences en vers du soufi Abd Allah Ansari.

XVe siècle. 22 feuillets. 13 sur 9 centimètres. Beau nestalik persan, avec encadrements et frontispice. Reliure en maroquin doré. (Schefer, P. 107.)

1416.

تحفة الاحرار. Le septième mesnévi du *Heft-Aureng* de Djami. — Ce poème écrit sur le mètre du *Makhzen el-Esrar* de Nizami, fut terminé en 886 H.; il est dédié au sheïkh nakhshibendi Ehrar. Cet exemplaire copié en 905 H., par le célèbre calligraphe Sultan Ali Meshhedi, contient quatre peintures du sheïkhzadèh Mahmoud; il fut offert par Mir Thabir à l'empereur Akbar, et appartint ensuite à Shahdjihan, qui y apposa son cachet et qui y écrivit de sa main la notice suivante :

بسم الله الرحمن الرحیم بتاریخ بیست و پنجم ماه بهمن فارسی
مطابق هشتم شهر جمادی الثانی سنه هجری که روز جلوس
مبارکست داخل کتابخانه این نیازمند درگاه شد حرره شهاب الدین
محمد شاه جهان پادشاه ابن جهانگیر پادشاه بن اکبر پادشاه و قیمت
یکهزار و یانصد روپیه

« Au nom du Dieu Clément et Miséricordieux ! A la date du 25 du mois Bahman du calendrier parsi, date qui correspond au 8 au mois de Djoumada II de l'année 1037 de l'hégire (14 février 1628), qui est le jour béni de mon avènement, ce livre est entré dans la bibliothèque de celui qui soupire après le trône de Dieu. Ceci a été écrit par Shihab ed-Din Mohammed Shah Djihan Padishah, fils de Djihangir Padishah, fils d'Akbar Padishah. Sa valeur (du livre) est de 1500 roupies. »

Ce splendide manuscrit porte les cachets d'Akbar et de Djihangir ; il
est écrit sur 82 feuillets de 11 sur 8 centimètres, encartés dans des
feuillets de papier sablé d'or de 25 sur 16 centimètres. Reliure en maroquin
estampé. (Schefer, P. 108.)

1417.

Fol. 1 v°. ديوان مير شاهى. Divan de Mir Shahi († 857 H.).

Fol. 41 v°. Le روسناى نامه « Livre de la lumière » de Nasiri
Khosrau.

Fol. 59 v°. رباعيّات خيام. Les quatrains de Kheyyam.

Manuscrit daté de 879 H. (1474 J.-C.) copié à Shiraz, par Fakhr ed-Din
Ahmed el-Hérévi. 87 feuillets. 24 sur 15 centimètres. Bon nestalik, avec
encadrements et frontispices. (Schefer, P. 109.)

1418.

سلسله نامه خواجكان نقشبند. Généalogie des sheïkhs nakhshibendis, composée par Nour ed-Din Mohammed ibn Hoseïn ibn
Abd Allah ibn Pir Hoseïn ibn Shems ed-Din el-Kazwini vers
963 H.

Manuscrit copié en 993 H. (1585-86 J.-C.) par Hadji Mohammed ibn
Mohammed el-Esfezari sur l'autographe. 22 feuillets. 24 sur 16 centimètres. Bon nestalik. (Schefer, P. 110.)

1419.

تاريخ پادشاه سعيد غياث الدنيا والدين اولجايتو سلطان محمد. Histoire du règne du sultan mongol Ghyas ed-Din Oldjaïtou Mohammed Kharbendèh, par Abou'l-Kasem Abd Allah ibn Ali
Mohammed el-Kashani. — Cet auteur fut l'un des secrétaires
du vizir Rashid ed-Din et collabora à la جامع التواريخ il pré-
tend même l'avoir composée dans son entier. Cette histoire
est suivie d'une longue poésie à la louange d'Oldjaïtou.

Manuscrit du XVIII° ou XIX° siècle copié par Mohammed Yousouf ibn Hazretali et-Tebrizi. 163 feuillets. 22 sur 14 centimètres. Bon nestalik, avec frontispices et titres. (Schefer, P. 111.)

1420.

كتاب ذخيرة الملوك . Traité de gouvernement, par l'émir Sayyid Ali ibn Shihab ed-Din ibn Mir Sayyid Mohammed el-Hosaïni el-Hamadani, fondateur d'un ordre de derviches (✝ 786 H.).

Manuscrit daté de 982 H. (1574 J.-C) copié par Mozaffer Ali Shirwani. 189 feuillets. 25 sur 14 centimètres. Nestalik, avec frontispices et encadrements. (Schefer, P. 112.)

1421.

وقايع نعمت خان على . Journal du siège d'Haïderabad, par Aurengzib en 1097 H. — Cet ouvrage est écrit mi-partie en vers, mi-partie en prose, dans un style étrange.

XVIII° siècle. 56 feuillets. 22 sur 16 centimètres. Nestalik indien tournant au shikestch. (Schefer, P. 113.)

1422.

فرهنك سرورى . Dictionnaire de Sorouri également appelé مجمع الفرس , par Mohammed Kasim ibn Hadji Mohammed Kashani qui avait pris le sobriquet (takhallus) de Sorouri: — Cet auteur naquit à Kashan et se rendit aux Indes dans un âge déjà avancé, sous le règne de Shah-Djihan; il mourut en 1037 H., en se rendant à La Mecque.

Manuscrit du XVII° siècle copié par Hébib Allah ibn Saad ed-Din Mohammed ibn Khalil Allah ibn Saad ed-Din Mohammed el-Kashani. 198 feuillets. 26 sur 15 centimètres. Nestalik persan. (Schefer, P. 114.)

1423.

تذكرة الشعرا. Biographies des poètes persans dédiées à Ali Shir Nevaï, par Dauletshah ibn Ala ed-Daulèh Bakhtishah Ghazi Samarkandi, cousin de l'émir Firouz Shah († 900 H.).

XVII° siècle. 204 feuillets. 24 sur 14 centimètres. Bon nestalik. Les dix premiers feuillets sont refaits. (Schefer, P. 115.)

1424.

مجالس العشاق. « Séances des amants ». Recueil de biographies de mystiques, par le prince timouride Kémal ed-Din Sultan Hoseïn ibn Sultan Mansour ibn Baikara ibn Omar Sheïkh. — Cet ouvrage fut composé en 908 H. (1503 (J.-C.).

XVII° siècle. 199 feuillets. 23 sur 15 centimètres. Nestalik, avec encadrements et frontispice. (Schefer, P. 116.)

1425.

Recueil contenant des poésies de Khosrav Dehlevi († 725); de l'émir Kasim -i Envar († 837); de Djami († 898); de l'émir Shahi († 857); de Selman Savedji († 779); de Masoud († 525); les quatrains d'Omar Kheyyam († 517); de Seïfi († 910) et de Hafiz Shirazi († 791).

Manuscrit du XVI° siècle orné de vingt-cinq miniatures. 199 feuillets. 24 sur 8 centimètres. Très beau nestalik. Reliure en maroquin estampé. (Schefer, P. 117.)

1426.

Fol. 1 v°. ديوان شاهى. Divan de Shahi.

Fol. 36 v°. خرد نامه. « Livre des préceptes d'Aristote, Platon et Socrate », par Nizam ed-Din Abou Mohammed Elyas ibn Yousouf Nizami.

Manuscrit de grand luxe, copié au XV° siècle sur papier encarté et sablé d'or par Mahmoud ibn Ali. 46 feuillets. 23 sur 14 centimètres. Beau nestalik. Cet exemplaire a été copié pour le sultan Abou l'-Fath Behramshah, dont il porte le cachet au folio 32. (Schefer, P. 118.)

7

1427.

كتاب كوى و چوكان. « La balle et la raquette, » par Mahmoud Arifi (voir les n°ˢ 1455, 1479 et 1519).

Manuscrit copié en 879 H. (1474 J.-C.) par Sheref ed-Din Hoseïn Sultan. 20 feuillets. 23 sur 14 centimètres. Beau nestalik. Reliure en maroquin estampé et doré. (Schefer, P. 119.)

1428.

صفات العاشقين. « Les qualités des amants », par Bedr ed-Din Hilali.

Manuscrit daté de 950 H. (1543 J.-C.), orné de 5 peintures. 57 feuillets. 23 sur 14 centimètres. Très beau nestalik, avec encadrements et frontispice. (Schefer, P. 120.)

1429.

Fol. 1 v°. مصیبت نامه. Le « Livre de l'Affliction », mesnévi de Férid ed-Din Attar.

Fol. 10 r°. اسرار نامه. Le « Livre des Secrets », du même auteur.

Fol. 184 r°. Plusieurs poésies d'Abou'l-Medjd Medjdoud ibn Adam Sénayi, qui vécut sous le règne de Bahram Shah (512-548 H.).

XIVᵉ siècle. 191 feuillets. 23 sur 16 centimètres. Neskhi tendant au nestalik; le premier feuillet et les six derniers sont refaits. (Schefer, P. 121.)

1430.

دول رانى خضر خان. Histoire en vers mesnévis des aventures de Khidr Khan, oncle du sultan Ala ed-Din, avec Douval Rani, fille du Raïkarna du Goujarate. — Cet ouvrage est dédié à Ala ed-Din, quoiqu'il n'ait été terminé qu'après sa mort; il porte également les deux titres de عشیقه et de خضرخان, et forme la XIVᵉ partie des œuvres complètes de

Khosrav Dehlevi, qui fut le favori des cinq sultans indiens :
Moïzz ed-Din Kaikobad († 689); Djélal ed-Din Firouz-Shah
(† 695); Mohammed Shah († 715); Ghyas ed-Din Touklouk
(† 725) et Mohammed, fils de Touklouk. — Khosrav mourut
à Dehli en 725 H. (1324 J.-C.).

XVII⁰ siècle. 147 feuillets. 23 sur 14 centimètres. Nestalik. (Schefer,
P. 122.)

1431.

بوستان. Le Boustan de Saadi.

Manuscrit copié en 947 H. (1540 J.-C.) par Shah Mahmoud. 140 feuillets. 24 sur 15 centimètres. Beau nestalik, avec frontispice et encadrements. Reliure laquée avec miniatures. (Schefer, P. 123.)

1432.

Fol. 1 v⁰. شبستان نكات وكلستان لغات. Recueil de *concetti* et
de jeux d'esprit, composé par Yahya Sibek, surnommé Fettahi,
Toffahi, Khoumari et Esrari († 852).

Fol. 37 v⁰. رساله مير حسين در معمى. Traité de logogriphes,
par Mir Hoseïn.

Fol. 113 r⁰. Les verbes persans avec leurs équivalents en turc.

Fol. 115 v⁰. Traité de grammaire persane.

Fol. 120 v⁰. Traité de grammaire, intitulé قو اعدفواعد الفرس,
par un anonyme. — Il est divisé en quatre chapitres traitant
du nom, du verbe, de la particule et du pluriel.

Fol. 129 v⁰. Le بهارستان. Recueil d'anecdotes, écrit sur le
modèle du Gulistan, par Nour ed-Din Abd er-Rahman Djami,
pour son fils Zya ed-Din, en 892.

XVII⁰ siècle. 162 feuillets. 25 sur 14 centimètres. Bon nestalik. Reliure
en maroquin estampé. (Schefer, P. 124.)

1433.

كتاب مصباح الهداية ومفتاح الكفاية . Traité de théologie soufie,
par un anonyme qui déclare dans sa préface qu'il eut toujours
le dessein de traduire en persan le عوارف المعارف, écrit en arabe
par Shihab ed-Din Omar ibn Mohammed Sohraverdi.

Le *Misbah el-Hedayet* est compilé d'après les écrits des plus
célèbres soufis; il est divisé en neuf *bab*, subdivisées en *fasl*.

Manuscrit copié en 729 H. (1328 J.-C.) par Mohammed ibn Haïder ibn
Mohammed Khyadani, 205 feuillets. 23 sur 16 centimètres. Neskhi tendant au nestalik. (Schefer, P. 125.)

1434.

خسرو نامه . « Histoire de Khosrav » par Abou Hamid
Mohammed ibn Abou Bekr Ibrahim Férid ed-Din Attar Nishapouri.

Manuscrit copié en 696 H. (1296 J.-C.). 233 feuillets. 21 sur 14 centimètres. Neskhi. (Schefer, P. 126.)

1435.

Fol. 1 v°. مودة نامه . Lettres de Nadir Shah à Sultan Selim.

Fol. 5 v°. Poésies de Baba Thaher Louri.

Fol. 7 r°. Plusieurs contrats.

Fol. 14 v°. Les quatrains de Kheyyam.

Fol. 64 v°. Les terdjibend ترجع بند de Seyyid Hanif Isfahani.

XIXᵉ siècle. 73 feuillets. 22 sur 17 centimètres. Nestalik, tendant au shikestèh. (Schefer, P. 127.)

1436.

تاريخ طبرستان . Histoire du Tabaristan, les origines depuis

jusqu'au vii° siècle de l'hégire, par Mohammed ibn Hasan ibn Isfendiar.

Cet ouvrage, divisé en quatre *bab*, a pour base la chronique arabe de Abou 'l-Hasan Ali ibn Mohammed el-Yezdi.

Manuscrit daté de 1295 H. (1878 J.-C.). 179 feuillets. 21 sur 17 centimètres. Bon nestalik. (Schefer, P. 128.)

1437.

Fol. 1 v°. نصیحة الملوك. « Le livre des conseils aux rois », de Saadi.

Fol. 8 v°. Maximes des philosophes, réparties en 37 chapitres.

XVI° siècle. 29 feuillets. 22 sur 14 centimètres. Beau nestalik, copié par Baba Shah Isfahani. Reliure en laque peinte. (Schefer, P. 129.)

1438.

تاریخ گزیده. Histoire générale depuis la création jusqu'en 730 H. (1329 J.-C.), par Hamd Allah ibn Abou Bekr ibn Nasr Mostaufi Kazwini.

Manuscrit daté de 872 H. (1467 J.-C.). 363 feuillets. 22 sur 14 centimètres. Bon nestalik persan. Reliure en cuir estampé. (Schefer, P. 130.)

1439.

جار عصم. Traité de philosophie, par Mirza Abd el-Kader Bidil, l'un des plus célèbres poètes de l'Inde qui écrivirent en persan. — Il était originaire de la tribu turque d'Arlat († 1133 H.).

Manuscrit copié en 1234 H. (1818 J.-C.) par Mohammed Nazir Boukhari, à Scutari, dans le couvent des Nakshibendis. 216 feuillets. 24 sur 15 centimètres. Bon nestalik turc. (Schefer, P. 131.)

1440.

نزهة القلوب. Traité de géographie, par Hamd Allah ibn Abou Bekr ibn Ahmed ibn Nasr Mostaufi Kazwini, composé en 740 H. (1339 J.-C.).

Manuscrit copié en 1257 H. (1841 J.-C.) par Mohammed Mehdi Tehe-
rani. 251 feuillets. 21 sur 13 centimètres. Bon nestalik persan. (Schefer,
P. 132.)

1441.

Journal d'un voyage en Asie centrale, exécuté par un
nommé Mohammed ibn Abd Allah.

XIXᵉ siècle. 15 feuillets. 23 sur 15 centimètres. Bon nestalik. (Schefer,
P. 133.)

1442.

شرح ابيات كليلة. Commentaire des vers arabes du *Kalila et
Dimna* de Nasr Allah, par Fazl Allah ibn Osman ibn Mohammed el-Esferaïni, ou el-Esfizani. — Cet ouvrage a été composé au VIIᵉ siècle, pour le vizir Zinet ed-Din Medjd ed-Daulch
Abou'l-Hasan Ali Mostaufi.

Manuscrit copié en 676 H. (1277 J.-C.) par Mohammed ibn el-Hadji Hamid el-Boukhari. 83 feuillets. 23 sur 16 centimètres. Beau neskhi. Exemplaire provenant du Sérail. (Schefer, P. 134.)

1443.

تاريخ سلاطين مغول. Histoire en vers des Mongols, par Shems
ed-Din Kashi. — Cet ouvrage fut composé sur l'ordre de
Ghazan, d'après la chronique de Fadl Allah Rashid ed-Din,
intitulée جامع التواريخ.

On trouve en appendice une histoire en vers d'Alexandre,
Bahram Gour, Afrasyab et Noushirvan.

Manuscrit contenant vingt-quatre miniatures, copié en 826 H. (1422 J.-C.)
par Ahmed ibn Mahmoud Abiverdi. 306 feuillets. 24 sur 16 centimètres.
Bon nestalik. (Schefer, P. 135.)

1444.

روضات الجنات فى اوصاف مدينة الهرات. Histoire d'Hérat, de-

puis les origines jusqu'en 875 H. (1470 J.-C.), composée par
Moïn ed-Din Mohammed Esûzari, en 897 H. (1491 J.-C.).

Manuscrit copié en 1295 H. (1878 J.-C.) par Mahmoud el-Tabatabai el-
Isfahani. 205 feuillets. 21 sur 16 centimètres. Bon nestalik. (Schefer, P.
136.)

1445.

ديوان مير حسين. Recueil des œuvres poétiques de Mir Hoseïn.

Manuscrit de grand luxe copié en 893 H. (1487 J.-C.) par Sultan Ali
el-Meshhedi pour un souverain dont le nom n'est pas indiqué. 148 feuillets de papier sablé d'or. 23 sur 16 centimètres. Très beau nestalik, avec
frontispice et encadrements. (Schefer, P. 137.)

1446.

Poésies du sultan timouride Abou'l-Ghazi Seyyid Mohammed Ali Behadour Khan, suivies d'une *kasideh* à la louange
de ce prince, ajoutée par le copiste, et d'une autre de Maulana
Djami.

XVIIe siècle. 4 feuillets. 27 sur 14 centimètres. Très beau nestalik et
shikestèh, avec encadrements. (Schefer, P. 138.)

1447.

مقامات همیدی. Les 23 séances de Hamid ed-Din Abou Bekr
ibn Omar ibn Mahmoud el-Balkhi el-Hamidi, ami d'Envéri.
Cet auteur les composa en 531 H. pour rivaliser avec
Hamadani et Hariri. Elles furent terminées en 633 H. par Émir
Hadjdj ibn Aksonkor el-Konièvi. On trouve à la suite, au
feuillet 116 v°, un traité de pronostics intitulé سكيز مكر بيان ادر.

XIIIe siècle. 120 feuillets. 24 sur 17 centimètres. Bon neskhi persan.
(Schefer, P. 139.)

1448.

ديوان جامى. Divan de Nour ed-Din Abd er-Rahman Djami.

XVIIe siècle. 272 feuillets. 24 sur 14 centimètres. Bon nestalik. Reliure en maroquin gaufré. (Schefer, P. 140.)

1449.

فرهاد وشيرين. Histoire de Ferhad et Shirin, par Hatifi.

Manuscrit du XVe siècle orné de cinq miniatures. 83 feuillets. 24 sur 15 centimètres. Bon nestalik. Reliure en maroquin brun estampé. (Schefer, P. 141.)

1450.

ديوان شريف. Divan de Shérif.

Manuscrit daté de 978 H. (1570 J.-C.). 35 feuillets de papier sablé d'or. 23 sur 16 centimètres. Beau nestalik. Reliure en maroquin gaufré. (Schefer, P. 142.)

1151.

Les invocations et les prières de Khadjèh Abou Ismaïl Abd Allah ibn Mohammed el-Ansari el-Hérévi († 481 H.).

Manuscrit copié au XVIe siècle par Ali el-Sultani, à Hérat. 15 feuillets de papier encadré. 26 sur 16 centimètres. (Schefer, P. 142 *bis*.)

1452.

كتاب نگارستان در تتبّع كلستان وبهارستان. Recueil d'anecdotes, divisé en huit chapitres, dédié par son auteur Shems ed-Din Ahmed ibn Soleïman Kemalpashazadèh († 936), au célèbre Ibrahim Pacha, vizir de Sultan Soleïman.

Manuscrit copié en 969 H. (1561 J.-C.) par Abd el-Kérim ibn Hasan Bosnévi. 208 feuillets. 18 sur 12 centimètres. Bon nestalik turc. (Schefer, P. 143.)

1453.

Fol. 6 v°. معمای میر حسین. Traité de logogriphes en vers,
par Mir Hoseïn ibn Mohammed el-Hoseïni el-Nishapouri
(† 904 H.). — Cet ouvrage porte également le titre de رساله
میر حسین در معمی ; il fut revu par Djami; Sorouri l'a traduit
en turc, ainsi que le traité analogue de Djami, sous le titre de
رساله در فنّ معمی.

Fol. 59 v°. اسما الحسنی. Explication des quatre-vingt-dix-
neuf noms d'Allah, commentés en distiques persans. — Cet
opuscule fut composé sous le règne d'Abou 'l-Ghazi Sultan
Hoseïn Behadour Khan.

XVIe siècle. 66 feuillets. 19 sur 12 centimètres. Bon nestalik, avec encadrements et frontispices. Reliure orientale en maroquin noir estampé.
(Schefer, P. 144.)

1454.

مخزن الاسرار. « Le trésor des secrets », l'un des mesnévis
de Nizami.

Manuscrit copié au XVIe siècle par Mir Mohammed. 43 feuillets de papier sablé d'or. 18 sur 12 centimètres. Très fin nestalik. (Schefer, P. 145.)

1455.

کتاب کوی وچوکان. « La balle et la raquette », de Mahmoud
Arifi († 853 H.). — Le véritable titre de ce mesnévi est حال نامه ;
il porte également celui de کتاب شاه ودرویش ; il a été écrit
en 842 H. pour Mirza Abd Allah ibn Ibrahim Sultan, petit-fils
de Shah Rokh, et gouverneur du Fars en 833 H. (voir n°s 1427,
1479 et 1579).

Manuscrit, copié en l'an 1000 H. (1591 J.-C.), par le calligraphe Shah
Mohammed. 53 feuillets. 21 sur 12 centimètres. Reliure en maroquin
laqué. (Schefer, P. 146.)

1456.

كتاب لطايف الطوايف. Recueil d'anecdotes connu également sous le titre de كتاب لطيفة الاطايف, par Ali ibn Hoseïn el-Vaiz el-Kashéfi el-Safi, *khatib* (prédicateur) de la mosquée d'Hérat († 939 H.).

XVIIe siècle. 171 feuillets. 21 sur 15 centimètres. Bon nestalik. Reliure en maroquin brun estampé. (Schefer, P. 147.)

1457.

Recueil de traités de divination, de philosophie et de médecine.

Manuscrit daté de 1145 H. (1732 J.-C.). 111 feuillets. 20 sur 12 centimètres. Bon nestalik. (Schefer, P. 148.)

1458.

منتخب رباعيّات خيّام. Choix de quatre-vingt-quinze quatrains de Kheyyam.

Manuscrit daté de 1268 H. (1851 J.-C.). 11 feuillets. 20 sur 13 centimètres. Bon nestalik persan. (Schefer, P. 149.)

1459.

Fol. 1 v°. Sermon prononcé à Astrakan حاجى ترخان par le ministre protestant Donald Macferson (دونالد مغفرسون).

Fol. 17 v°. رسالة مختصر. Traité des principes de l'Islamisme, par Abou'l-Hasan el-Hoseïni el-Isfahani.

Manuscrit daté de 1239 H. (1822 J.-C.). 29 feuillets. 20 sur 11 centimètres. Shikestèh. (Schefer, P. 150.)

1460.

تذكرة الشعرا. Mémorial des poètes, notices biographiques sur les poètes de la fin du ixe siècle, et du commencement du xe siècle de l'hégire, par le prince séfevi, Sam Mirza, fils de Shah Ismaïl, gouverneur du Khorasan sous le règne de son

père, assassiné avec tous les autres membres de sa famille par
ordre de Shah Ismaïl III (984). — Cet ouvrage, qui a été écrit en
957 H., porte également le titre de تحفه سام (voir le nº 1492).

XVIIIe siècle. 112 feuillets. 21 sur 13 centimètres. Assez bon nestalik,
avec encadrements et frontispice. (Schefer, P. 151.)

1461.

Fol. 1 vº. Traité d'astronomie, composé par Mohammed
Yousouf ibn Hoseïn Khan. — Copié en 1174 H. (1760 J.-C.),
par Abd el Latif ibn Mauzoun.

Fol. 53 vº. كتاب مسالك و ممالك. Traité de géographie, par
Abou 'l-Hasan Said (صاعد) ibn Ali Djourdjani. — Cet ouvrage
fut composé postérieurement à la mort de Shah Rokh (850 H.);
il fut copié en 990 H. (1582 J.-C.) par Sidi Ahmed ibn Mir
Ahmed el-Mélahati.

XVIIe siècle. 173 feuillets. 18 sur 12 centimètres. Neskhi et nestalik.
(Schefer, P. 152.)

1462.

سفارت نامه خوارزم. Récit de l'ambassade au Khvarezm de
Riza Kouli Khan.

Manuscrit daté de 1273 H. (1856 J.-C.). 114 feuillets. 20 sur 14 centimètres. Bon nestalik. (Schefer, P. 153.)

1463.

لوابح در بيان معارف و معانى. Sentences soufies paraphrasées
en quatrains persans, par Djami.

XVIIe siècle. 37 feuillets. 20 sur 12 centimètres. Beau nestalik copié
par Abou Saïd el-Hoseïni, avec encadrements et frontispices. Reliure en
maroquin gaufré. (Schefer, P. 154.)

1464.

انشا **.** Recueil de lettres et de modèles de correspondance.

Manuscrit copié au Caire en 932 H. (1523 J.-C.), par Mohammed Ali Shirazi. 92 feuillets. 18 sur 12 centimètres. Bon nestalik. Reliure en maroquin estampé. (Schefer, P. 155.)

1465.

ديوان كمال الدين خجندى **.** Divan de Kémal ed-Din Mohammed Khodjendi (mort en 803, à Tébriz).

Manuscrit copié en 845 H. (1441 J.-C.), par Sidi Nimet ibn Ali el-Hafiz. 212 feuillets. 17 sur 12 centimètres. Bon nestalik, avec encadrements et frontispice. Exemplaire provenant du Sérail. (Schefer, P. 156.)

1466.

تذكرة الاوليا **.** Le Mémorial des saints, par Férid ed-Din Attar.

Manuscrit daté de 988 H. (1580 J.-C.). 272 feuillets. 20 sur 13 centimètres. Neskhi, avec encadrements et frontispice. (Schefer, P. 157.)

1467.

غزاى سليمانى **.** « Conquêtes de Soleïman ». — Cet ouvrage fut composé par ordre du sultan Soliman II et terminé en 933 H.; il porte également le titre de تواريخ آل عثمان.

XVIᵉ siècle. 59 feuillets. 20 sur 13 centimètres. Nestalik turc, avec encadrements et frontispice. (Schefer, P. 158.)

1468.

رسالة فى اثبات الولاية بدلايل الايات الصريحة **.** Recueil d'historiettes en vers, écrites par Mohammed ibn Abd Allah ibn Mohammed, surnommé Kadi el-Djahroumi el-Shirazi. — Cet

ouvrage porte également le titre de شاه نامه مجدد در وصف
شاه مجدد ; il est dédié au sultan Soleïman, 923 H.

XVI⁰ siècle. 58 feuillets. 18 sur 12 centimètres. Nestalik turc, avec encadrements et frontispice. (Schefer, P. 159.)

1469.

Fol. 2 v°. ديوان مير خسرو دهلوى. Recueil des œuvres poétiques de Mir Khosrav Dehlévi.

Fol. 2 v°. ديوان امير حسن دهلوى. Recueil des poésies de Mir Hasan Dehlévi.

Fol. 142 v°. ديوان ناصر الدين بخارى. Recueil de poésies de Nasir ed-Din Bokhari, derviche de Bokhara, qui mourut en 772 H.

Manuscrit daté de 820 H. (1417 J.-C.). 207 feuillets. 19 sur 12 centimètres. Nestalik turc écrit dans les pages et dans les marges, avec encadrements et frontispices. Exemplaire provenant du Sérail. (Schefer, P. 160.)

1470.

بهجة التواريخ. Histoire générale, par Shokr Allah.

XVIII⁰ siècle. 372 feuillets. 18 sur 13 centimètres. Bon neskhi tendant au nestalik. (Schefer, P. 161.)

1471.

مناجات خواجه عبد الله انصارى. Les invocations du *Khâdjeh* Abd Allah Ansari.

XV⁰ siècle. 10 feuillets. 18 sur 10 centimètres. Beau nestalik. (Schefer, P. 162.)

1472.

كليات عرفى شيرازى. Œuvres complètes d'Orfi de Shiraz.

Ce poète mourut en 999 H. (1590 J.-C.) pendant l'expédition du Khankhanan, Mirza Abd er-Rahim Beg, contre

Djani Beg; elles comprennent une préface, le مجمع الابكار,

imité du *Makhzen el-Esrar* de Nizami, le خسرو و شیرین,

également intitulé فرهاد و شیرین, écrit dans le même mètre

que le *Khosrav u Shirin* de Nizami, des *kasidahs*, des مقطعات,

des *ghazels* et des quatrains.

Manuscrit de grand luxe daté de 1030 H. (1620 J.-C.). 332 feuillets
de papier sablé d'or. 18 sur 9 centimètres. Beau nestalik, avec encadrements et frontispice. Reliure laquée avec des peintures. (Schefer, P. 163.)

1473.

Recueil de poésies de Asafi († 923), Auhadi († 738), Borhan
ed-Din, Bisati Samarkandi († 815), Djami († 898), Djélal, Envéri
(† 587), Férid ed-Din Attar († 627), Hafiz († 791), Ibn Yémini
(† 745), Imad († 1000), Iraki († 688), Ismet († 840), Kasem
el-Envar († 837), Katibi († 839), Kémal Khodjendi († 635),
Khadjou Kermani († 753), Khosrau de Dehli († 725), Nasir
(† 481), Obeïd († 895), Obeïd Zakagani, Saadi († 690), Salman
Savedji († 779), Shahi († 857).

XVIIe siècle. 257 feuillets. 17 sur 13 centimètres. Beau nestalik écrit
dans les pages et dans les marges, avec encadrements et frontispice.
(Schefer, P. 164.)

1474.

رساله در تصنیع سطرلاب. Traité sur les procédés de fabrica-
tion de l'astrolabe, divisé en 7 *fasl* et dédié au sultan osmanli
Bayézid.

Manuscrit daté de 999 H. (1590 J.-C.). 22 feuillets de papier sablé d'or.
20 sur 12 centimètres. Très beau nestalik copié par Sultan Ali el-Herevi,
avec encadrements. Reliure en maroquin gaufré. (Schefer, P. 165.)

1475.

اربعین. Les 40 traditions attribuées à Ali, traduites en vers
persans.

Manuscrit daté de 976 H. (1568 J.-C.). 8 feuillets. 21 sur 14 centimètres. Talik et nestalik. Reliure en maroquin estampé et doré. (Schefer, P. 166.)

1476.

كتاب مهر و مشترى . « Le Soleil et Jupiter », par Assar.

Manuscrit du XVIᵉ siècle orné de cinq miniatures. 198 feuillets. 20 sur 13 centimètres. Beau nestalik, avec encadrements et frontispice. Reliure en maroquin estampé et doré. (Schefer, P. 167.)

1477.

ديوان حافظ . Divan de Hafiz.

Manuscrit du XVIᵉ siècle orné de trois miniatures. 179 feuillets. 20 sur 13 centimètres. Nestalik, avec encadrements et frontispices. Reliure en maroquin gaufré et doré. (Schefer, P. 168.)

1478.

كلستان . Le Gulistan de Saadi.

XVIᵉ siècle. 180 feuillets. 20 sur 11 centimètres. Beau nestalik copié par Mahmoud ibn Nizam ed-Din Mohammed. Reliure en maroquin estampé et doré. (Schefer, P. 169.)

1479.

كتاب كوى و چوكان . La balle et la raquette, par Arifi. (Voir les nᵒˢ 1427, 1455 et 1519).

Manuscrit copié en 969 H. (1561 J.-C.), par le célèbre calligraphe Mouïz ed-Din Mohammed el-Hoseïni. 32 feuillets de papier sablé d'or. 20 sur 12 centimètres. Nestalik, avec encadrements et frontispices. Reliure en cuir estampé et doré. (Schefer, P. 170.)

1480.

سفر فرخنده أثر حضرت پادشاه عالم پنا بجانب بغداد . Relation en vers de l'expédition du sultan Soleïman II contre Bagdad.

XVIIe siècle. 17 feuillets. 23 sur 14 centimètres. Nestalik turc. (Schefer, P. 171.)

1481.

رباعیّات عمر خیام. Les quatrains d'Omar Kheyyam.

XVIe siècle. 34 feuillets de papier sablé d'or et encarté. 19 sur 11 centimètres. Beau nestalik, avec encadrements et frontispices. Reliure en maroquin brun estampé et doré. (Schefer, P. 172.)

1482

كتاب التفهيم فى التنجيم. Traité d'astronomie composé par Abou Reïhan el-Birouni (mort en 440 H. à Ghazna). — Cet ouvrage porte également le titre de كتاب التفهيم لاوايل التنجيم.

On en connaît une édition arabe écrite en 420, probablement le prototype du présent traité, qui a été dédié en 421 à Abou 'l-Hasan Ali ibn Abou 'l-Fadl el-Khassi.

Manuscrit copié en 668 H. (1270 J.-C.) avec plusieurs figures d'instruments astronomiques, 118 feuillets. 25 sur 18 centimètres. Bon neskhi. (Schefer, P. 173.)

1483.

تاریخ رشیدی. Histoire des souverains de la Transoxiane, par Mohammed Haider.

XVIIe siècle. 324 feuillets. 25 sur 15 centimètres. Bon nestalik. Reliure en maroquin estampé et doré. (Schefer, P. 174.)

1484.

Résumé de l'histoire de l'Inde depuis les origines jusqu'aux Ghaznévides, sans nom d'auteur.

XVIIIe siècle. 25 feuillets. 23 sur 15 centimètres. Nestalik indien, avec encadrements et frontispice. (Schefer, P. 174 *bis*.)

1485.

Fol. 1 v°. بیسر نامه, de Férid ed-Din Attar.

Fol. 7 v°. Un quatrain, du même poète.

Fol. 7 v°. منظومة فى تشبيهات السبع. Traité en 8 distiques sur les sept assimilations.

Fol. 7 v°. اداب المنظوم لمولانا غياث الدين. Traité en vers de Ghyas ed-Din Helvaï († 1050) sur les règles de la poésie.

Fol. 8 v°. Commentaire sur un chronogramme d'Ibn Kémal شرح تاريخ ابن كمال ainsi rédigé : « Cet ouvrage a été terminé par la grâce d'Allah, le bienfaisant, le vendredi, dix-septième jour du second tiers du second sixième de la première moitié du sixième dixième du troisième dixième du dixième dixième dans l'hégire de Mohammed. »

XVIII° siècle. 10 feuillets. 22 sur 14 centimètres. Nestalik copié par un nommé Abd el-Kader. (Schefer, P. 175.)

1486.

دیوان باخى. Recueil des œuvres poétiques de Balkhi.

XVI° siècle. 37 feuillets. 21 sur 13 centimètres. Beau nestalik, avec frontispice et encadrements. Reliure en maroquin brun estampé et doré. (Schefer, P. 176.)

1487.

کلیات کاتبی. (Œuvres complètes de Shems ed-Din Mohammed ibn Abd Allah el-Nishapouri el-Tarshizi Katibi († 839 H.), comprenant le *divan*, les *kasidahs*, les *ghazels*, les مقطعات, les *quatrains*, le گلشن راز, poème mystique imité du *Makhzen el-Esrar* de Nizami, le مجمع البحرين, qu'on peut lire sur deux mesures différentes, le کتاب دلرباى, poème mystique dédié au

sultan Mir Saïd Emir Kiya, le نامه سى, correspondance mystique de deux amants nommés Mahboub et Mohebb, le
ده نامه, poème écrit sur le modèle du Boustan de Saadi.

Manuscrit daté de 846 H. (1442 J.-C.). 283 feuillets. 22 sur 13 centimètres. Bon nestalik, avec encadrements et frontispice. (Schefer, P. 177.)

1488.

Fol. 1 v°. كتاب تاريخ اشرفى. Traité d'astronomie, par Seïf ed-
Din Mohammed ibn Abd Allah Sanjar el-Kaméli de Shiraz.

Fol. 252 r°. طالع مولود ابن علا الملك. Horoscope d'un nommé
Ibn Ala el-Mulk.

Fol. 260 r°. La رساله نه قرانات, par Mohammed Bakerani.

Fol. 276 r°. Le traité intitulé در هيلاجات و كدخداه وعطيه
عمر, sur la manière de déterminer l'âge d'un individu.

Fol. 281 v°. رساله در نيك و بد ستاركان. Traité sans nom
d'auteur sur la connaissance des astres favorables et malfai-
sants.

Fol. 284 v°. استخراج مولود. Manière de tirer les horoscopes,
par Mohammed ibn Hasan el-Koummi, en vers.

XVIIe siècle. 288 feuillets. 23 sur 14 centimètres. Nestalik turc, avec
encadrements et frontispice. Reliure en maroquin gaufré et doré. (Schefer, P. 178.)

1489.

Traité de calligraphie, sans nom d'auteur.

Manuscrit de luxe copié en Zoulhidjdja de l'année de la Panthère, soit
1290 H. (1873 J.-C.), 49 feuillets de papier doré. 21 sur 15 centimètres.
Nestalik, avec encadrements et frontipices. (Schefer, P. 179.)

1490.

Recueil d'opuscules, dont le premier est la fin d'un traité
de pharmacopée.

Manuscrit de plusieurs mains écrit au XVIIIᵉ siècle dans l'Inde. 306 feuillets. 20 sur 13 centimètres. Neskhi et nestalik passables et médiocres. (Schefer, P. 180.)

1491.

مصیبت نامه. Le « Livre de l'affliction », le quatrième des « Six Mesnévis » de Férid ed-Din Attar.

Manuscrit copié en 686 H. (1287 J.-C.) par Abd el-Melik ibn Shérif ibn Moubashir ibn Maudoud ibn Mohammed. 149 feuillets. 23 sur 11 centimètres. Neskhi. (Schefer, P. 181.)

1492.

تذكرة الشعرا. Biographie des poètes, par Sam Mirza. fils de Shah Ismaïl (voir le nº 1460).

XVIIᵉ siècle. 139 feuillets. 20 sur 12 centimètres. Nestalik, avec encadrements et frontispices. Reliure en maroquin noir estampé. (Schefer, P. 182.)

1493.

ملفوظات امیر صاحبقران. Mémoires de Timour connus également sous le nom de توزوك تیموری. — Ils ont été traduits en persan par Abou Talib el-Hoseïni el-Arizi, qui présenta cette traduction en 1047 H. à l'empereur des Indes Shah-Djihan ; on le soupçonne de l'avoir composée de toutes pièces.

Manuscrit daté de 1259 H. (1843 J.-C.). 173 feuillets. 19 sur 12 centimètres. Beau nestalik, avec encadrements et frontispices. Reliure en laque jaune et verte, exécutée à Bagdad en 1267 H. (1850 J.-C.) par un artiste nommé Nyâzi. (Schefer, P. 183.)

1494.

حدیقة الحقیقة وشریعة الطریقة. Traité en vers sur l'éthique et la vie contemplative, par Abou 'l-Medjd Medjdoud ibn Adam Senaï, plus connu sous le nom de Hakim Senaï. — Ce soufi vécut sous le règne du sultan Bahramshah (512-548 H.); cet ouvrage fut terminé en 525 ou en 535 H.

Manuscrit copié en 908 H. (1502 J.-C.) par un nommé Ghyas ed-Din el-Mouzehheb. 365 feuillets. 18 sur 12 centimètres. Bon nestalik, avec encadrements et frontispices. Reliure en maroquin noir estampé. (Schefer, P. 184.)

1495.

المثنوى المعنوى. Le Mesnévi de Djelal el-Din Mohammed Roumi (qui mourut en 672 H. à Koniah).

Manuscrit de luxe daté de 888 H. (1484 J.-C.). 330 feuillets. 21 sur 14 centimètres. Beau neskhi, avec encadrements et frontispices. Reliure en maroquin estampé et doré. (Schefer, P. 185.)

1496.

ديوان شاهى. Recueil des poésies de l'Émir Shahi.

Manuscrit de luxe copié en 981 H. (1573 J.-C.), par Kotb ed-Din Mohammed el-Yezdi, à Bagdad. 52 feuillets de papier sablé d'or. 20 sur 14 centimètres. Beau nestalik. Reliure en maroquin estampé et doré. (Schefer, P. 186.)

1497.

كفاية منصورى. Traité de médecine, par Mansour ibn Mohammed ibn Ahmed ibn Yousouf ibn Elias Faghi. — Cet ouvrage porte également le titre de كفاية مجاهدى et il est dédié à Zein el-Abidin, souverain du Kashmir.

Le même auteur a composé un traité d'anatomie pour Mirza Pir Mohammed, petit-fils de Timour Kourkan.

XVIIe siècle. 284 feuillets. 19 sur 14 centimètres. Neskhi. (Schefer, P. 187.)

1498.

ديوان جامى. Divan de Nour ed-Din Abd er-Rahman Djami.

XVe siècle. 247 feuillets. 20 sur 13 centimètres. Beau nestalik, avec encadrements et frontispices. Reliure en maroquin gaufré. (Schefer, P. 188.)

1499.

ديوان حسن دهلوى. Divan de Nedjm ed-Din Hasan Dehlévi contenant les *ghazels*. — L'auteur, qui fut l'ami de Khosrav Dehlévi, vécut cinq ans à la cour du souverain du Moultan, Mohammed ibn Ghyas ed-Din Balaban (678-683 H.), et fut l'un des poètes officiels du sultan Ala ed-Din Khildji; il mourut en 727 H. (1326 J.-C.).

XVIe siècle. 162 feuillets. 22 sur 13 centimètres. Nestalik, avec encadrements et frontispices. Reliure en maroquin estampé et doré. (Schefer, P. 189.)

1500.

بهجة التواريخ. Abrégé d'histoire générale depuis les origines jusqu'à l'avènement du sultan ottoman Mohammed, fils de Mourad Khan (855 H.), par Shoukr Allah ibn Shihab ed-Din Ahmed ibn Zaïn ed-Din Zaki er-Roumi. — Cette chronique fut terminée en 861 H.

Manuscrit daté de 955 H. (1548 J.-C.). 185 feuillets. 21 sur 15 centimètres. Neskhi turc, copié à Philippopoli. (Schefer, P. 190.)

1501.

مصطبة خراب. Notices biographiques et littéraires sur les poètes persans et turcs modernes, par Ahmed Houlagou Mirza Kharab.

XIXe siècle. 82 feuillets. 21 sur 15 centimètres. Nestalik tendant au shikestèh. (Schefer, P. 191.)

1502.

ديوان حكيم قطران ترمذى. Recueil des œuvres poétiques de
Katran Termidi. — Ce poète dédia beaucoup de ses productions
littéraires aux sultans et aux émirs de l'Azerbeïdjan, sous
le règne de Toghril Ier, particulièrement à l'émir Fazloun et
à Shah Abou Nasr Mamlau; il mourut dans les environs de
l'année 460 de l'hégire.

Manuscrit copié en 1257 H. (1841 J.-C.) par Djaafar el-Hoseïni el-Tefershi.
142 feuillets. 21 sur 15 centimètres. Nestalik et shikestèh. (Schefer, P.
192.)

1503.

Traité sur les diverses religions, sans nom d'auteur. — Cet
exemplaire ne contient que la première partie d'un ouvrage
qui a certainement été composé à une époque très récente.

Manuscrit daté de 1294 H. (1877 J.-C.). 70 feuillets. 18 sur 11 centimètres. Bon neskhi persan. (Schefer, P. 193.)

1504.

ديوان آصفى. Recueil des œuvres poétiques du khadjèh Asafi,
fils de Nimet Allah Kohistani, vizir du sultan Abou Saïd. — Il
fut l'un des plus célèbres poètes de la cour d'Hérat, à l'époque
de Sultan Hosein († 923 H.).

XVIIe siècle. 69 feuillets. 20 sur 12 centimètres. Nestalik, avec encadrements et frontispices. (Schefer, P. 194.)

1505.

تذكرة الشعرا. Histoire de la poésie persane au xie siècle de
l'hégire, par Mohammed Zahir Nasirabadi. — Il commença
cet ouvrage en 1083 H. et le dédia à Shah Soleïman, puis il
le continua jusqu'en 1089. Ce tezkérèh est divisé en 5 livres,
avec une introduction et un appendice.

Manuscrit autographe daté de 1083 H. (1672 J.-C.). 211 feuillets. 23 sur
12 centimètres. Bon nestalik persan cursif. (Schefer, P. 195.)

1506.

بدايع الافكار فى صنايع الاشعار. Traité de prosodie et de mé-
trique, par Hoseïn Vaïz el-Kashifi.

Manuscrit daté de 987 H. (1579 J.-C.). 74 feuillets. 23 sur 13 centimètres. Nestalik, avec encadrements. (Schefer, P. 196.)

1507.

الارشاد فى اختلال الصاحب الكافى اسماعيل بن عبّاد. Histoire
du vizir Ismaïl ibn Abbad, par Abou 'l-Kasem Ahmed ibn Mohammed el-Hasani el-Hoseïni el-Karyati el-Isfahani, divisée
en 14 chapitres et terminée en 1259 H. (1843 J.-C.).

Manuscrit daté de 1300 H. (1882 J.-C.). 43 feuillets. 21 sur 13 centimètres. Shikesteh de la main de Mohammed Mehdi Isfahani. (Schefer, P.
197.)

1508.

ديوان صايب. Recueil des œuvres poétiques de Mirza Mohammed Ali Saïb, le plus célèbre des poètes modernes. — Il naquit à Isfahan en 1010 H., fut nommé « prince des poètes »
ملك الشعرا par le séfévi Shah Abbas II, et mourut à Isfahan
en 1088 H.

XVIIIᵉ siècle. 394 feuillets. 22 sur 15 centimètres. Nestalik indien. Reliure en maroquin brun estampé et doré. (Schefer, P. 198.)

1509.

سبحة الابرار. Poème mystique composé dans le mètre du
نه سپهر de Khosrav Dehlévi, par Nour ed-Din Abd er-Rahman
Djami.

Manuscrit de luxe copié en 909 H. (1503 J.-C.) par un nommé Shoukr
Allah Moukri el-Hérévi. 138 feuillets. 16 sur 11 centimètres. Talik, avec
encadrements et frontispice. Cet exemplaire provient de la bibliothèque
du Sérail. (Schefer, P. 199.)

1510.

Deux actes émanant de la chancellerie de Nadir Shah, ré-
digés par Mirza Mehdi Khan, fils de Mohammed Nasir, dans
un style très recherché et fort obscur. — Les expressions
et les mots incompréhensibles sont expliqués en marge ; le
second de ces actes faisait partie des pièces relatives au mariage du prince Riza Kouli Mirza ; il porte le titre de :

ديباجه نكاح كه از براى شاهزاده رضا قولى ميرزا نوشته شد بانشا

.مهديخان بن محمد نصير

Manuscrit de luxe daté de 1207 H. (1792 J.-C.). 33 feuillets. 22 sur 15
centimètres. Nestalik, avec encadrements et frontispices, copié par le kadi
Mohammed Arif. (Schefer, P. 200.)

1511.

قلندر نامه. « Le livre du Kalender », traité de soufisme, par
le *Khâdjeh* Abd Allah Ansari.

Manuscrit de luxe copié en 920 H. (1514 J.-C.) par un *shérif* nommé
Shems ed-Din Mohammed el-Kermani. 7 feuillets de papier sablé d'or. 19
sur 12 centimètres. Nestalik, avec encadrements et frontispice. Reliure
en maroquin gaufré et doré. (Schefer, P. 201.)

1512.

رساله در بيان كتابت. Traité de calligraphie en vers, par le
célèbre copiste Sultan Ali el-Meshhédi.

XVIIIe siècle. 13 feuillets. 17 sur 11 centimètres. Nestalik. (Schefer,
P. 202.)

1513.

تاريخ بخارا. Histoire de Boukhara et de la Transoxiane, par Mohammed ibn Djaafar el-Nershakhi (voir le n° 1522).

XVII⁰ siècle. 94 feuillets de papier sablé d'or. 20 sur 10 centimètres. Beau nestalik, avec encadrements et frontispice. Reliure en maroquin rouge estampé. (Schefer, P. 203.)

1514.

Traité en vers du pèlerinage à La Mecque, avec dix-huit peintures.

Manuscrit copié à Constantinople en 984 H. (1576 J.-C.). 42 feuillets. 20 sur 12 centimètres. Nestalik turc, avec encadrements et frontispice. (Schefer, P. 204.)

1515.

انتخاب بوستان. Extraits du *Boustân* de Saadi, avec deux peintures.

Manuscrit de luxe probablement écrit au XVI⁰ siècle, par Sultan Ali el-Meshhedi. 9 feuillets de papier sablé d'or. Beau nestalik. (Schefer, P. 205.)

1516.

روضة الشُهدا. Histoire des martyrs de l'Islam, par Hoseïn Vaïz el-Kashifi.

XVII⁰ siècle. 405 feuillets. 18 sur 13 centimètres. Beau nestalik persan. (Schefer, P. 206.)

1517.

Histoire des premiers khalifes et des derviches nakhshibendis, portant le titre turc de كتاب شريف خواجقان سلسله.

Elle est suivie au feuillet 56 v° d'une pièce de vers intitulée
قصیده ربویه qui commence ainsi :

هر آن مومین که این منظومه خوانند

ز بهـر هیـــج حاجت در نمـــانـــد

Après cette *kasidèh* viennent des prières et la figuration du
sceau de Mahomet et des quatre khalifes orthodoxes.

Manuscrit copié à Pékin au XIXe siècle. 60 feuillets de papier de mûrier. Nestalik, avec encadrements et frontispices. Reliure en maroquin
doré. (Schefer, P. 207.)

1518.

نظام التواریخ. Histoire générale de l'Islam, par Nasir ed-Din
Abou Saïd Abd Allah el-Beidhavi.

XVIIe siècle. 58 feuillets. 18 sur 12 centimètres. Neskhi persan, avec
encadrements et frontispice. (Schefer. P. 208.)

1519.

کتاب شاه ودرویش. « Le roi et le mendiant », de Mahmoud
Arifi, avec quatre miniatures (cf. n°⁵ 1427, 1456 et 1479).

XVIe siècle. 39 feuillets. 20 sur 13 centimètres. Nestalik, avec encadrements et frontispice. (Schefer, P. 209.)

1520.

قصّه فیروز شاه. Histoire de Firouz Shah, roi du Badakhshan.

XVIIIe siècle. 39 feuillets. 20 sur 12 centimètres. Nestalik tendant au
shikesteh. (Schefer, P. 210.)

1521.

کتاب بهارستان. Le *Béharistân* de Nour ed-Din Abd er-Rahman Djami.

XVIᵉ siècle. 69 feuillets. 18 sur 12 centimètres. Nestalik turc copié
par Hasan ibn Hadji Salèh el-Djourloudi. Reliure en maroquin estampé.
(Schefer, P. 211.)

1522.

تاريخ بخارا. Histoire de Boukhara, par Mohammed Nershakhi
(voir le nº 1513).

XIXᵉ siècle. 53 feuillets. 21 sur 14 centimètres. Bon neskhi tendant au
nestalik. (Schefer, P. 212.)

1523.

كتاب عين الحياة اسكندرى. Traité de médecine, sans nom
d'auteur.

XVIIᵉ siècle. 153 feuillets. 19 sur 13 centimètres. Nestalik indien. (Schefer, P. 213.)

1524.

شرح انورى. Commentaire sur les *kasidèh* d'Envéri, par Abou
'l-Hasan.

Ce commentateur était contemporain de Taher Nasirabadi
qui le mentionne dans son *Tezkérèh* composé en 1089 H. Il
était *seyyid* et natif de Ferâhân; il vécut quelque temps à
Nasirabad et se rendit ensuite à Shiraz, où il se mit au service de Imam Kouli Khan. D'après ce qu'il raconte, il paraît
que ce commentaire fut une de ses premières œuvres.

Manuscrit copié en 1072 H. (1661 J.-C.) et contemporain de l'auteur.
158 feuillets. 19 sur 11 centimètres. Nestalik persan. (Schefer, P. 214.)

1525.

ديوان مغربى. Recueil des poésies du célèbre soufi Mohammed Shirin Magrébi, comprenant les *ghazels*, *terdjibends*, et
les *quatrains*.

Mohammed Shirin naquit dans la petite ville de Nain,
dans la province d'Isfahan, et il prit le nom de Magrébi

parce qu'il reçut le froc de derviche خرقة des mains d'Ibn el-Arabi ; il suivit les leçons de Sheïkh Ismaïl Sisi, et vécut à Tébriz, où il se lia d'amitié avec un autre soufi célèbre, Kémal ed-Din Khodjendi ; il acquit beaucoup de crédit auprès du prince timouride Miranshah, et mourut en 807 H.

Manuscrit copié en 884 H. (1479 J.-C.) par Fakhr ed-Din Ahmed. 100 feuillets. 18 sur 13 centimètres. Nestalik persan, avec frontispice et encadrements. Reliure en maroquin rouge estampé et doré. (Schefer, P. 215.)

1526.

Le الهى نامه, « Livre divin » et le اسرار نامه, « Livre des secrets », de Férid ed-Din Attar, second et troisième mesnévis des « Six poèmes » de ce soufi.

XVIe siècle. 156 feuillets. 23 sur 12 centimètres. Nestalik, avec encadrements et frontispice. Reliure en maroquin gaufré et doré. (Schefer, P. 216.)

1527.

كتاب المسالك والممالك. Traité de géographie, par Abou 'l-Hasan Saïd ibn Ali Djordjani. — La première partie de cet ouvrage donne les coordonnées géographiques des principales villes du monde ; le reste consiste en un dictionnaire géographique.

XVIIe siècle. 271 feuillets. 19 sur 12 centimètres. Nestalik. Reliure en cuir estampé. (Schefer, P. 217.)

1528.

فراق نامه. Le « Livre de la séparation » de Khadjèh Djémal ed-Din Selman Savedji, avec quatre peintures.

Cet ouvrage forme le second *mesnevi* des œuvres complètes de ce poète, fils de Khadjeh Ala ed-Din Mohammed, qui naquit à Savah, aux environs de l'année 690 H. et mourut en 779 H. Il ne se mit qu'assez tard à la poésie, et il s'occupa d'abord de finances. Le « Livre de la séparation » est dédié

au Sultan Oweïs, qui, éprouvant un vif chagrin d'avoir été
abandonné par un de ses mignons, nommé Baïram Shah
(761 H.), demanda au poète d'écrire un *mesnévi* sur ce sujet.
— Selman fut le protégé du vizir Ghyas ed-Din Mohammed
(† 753), du fondateur de la dynastie ilkhanienne Émir Sheïkh
Hasan Buzurg, de son fils Sultan Oweïs, et de son petit-fils
Sultan Hoseïn (776-784).

Manuscrit copié à la fin du XVIe siècle par Mahmoud ibn Abd Allah
Nakkash. 53 feuillets. 17 sur 12 centimètres. Nestalik, avec encadrements
et frontispice. Reliure en maroquin ornée de dessins. (Schefer, P. 218.)

1529.

ديوان ابو الحسن الرودكى. Divan d'Abou 'l-Hasan el-Roudégi.

Manuscrit copié en 1294 H. (1877 J.-C.). 34 feuillets. 21 sur 13 centimètres. Nestalik. Reliure en maroquin estampé et doré. (Schefer, P. 219.)

1530.

ديوان ابن يمين. Divan de l'émir Fakhr ed-Din Mahmoud,
connu généralement sous le nom d'Ibn Yémin († 745 H.).
— Ce poète avait pris le *tekhallus* ou surnom de Taki, تكى.

XVIe siècle. 132 feuillets. 18 sur 10 centimètres. Nestalik, avec encadrements et frontispice. Reliure en maroquin estampé et doré. (Schefer,
P. 220.)

1531.

ديوان همام الدين التبريزى. Recueil des œuvres poétiques de
Homam ed-Din Tébrizi, contemporain de Saadi. — Le divan
proprement dit est précédé d'une préface écrite dans un style
très embrouillé, dans laquelle on ne trouve pas de renseignements précis sur la vie de l'auteur. — On y lit des poésies à
la louange مدح de l'*imam* Nedjm ed-Din Abd el-Ghaffar, de
Kotb ed-Din Shirazi, d'Ibrahim Saad ed-Din el-Hamavi, du

sahib-i divan ou chef de l'administration des finances Saad ed-Din, père du célèbre historien Ala ed-Din Djouveïni, des deux sultans mongols Mahmoud Ghazan et Oldjaïtou, du *sahib-i divan* Shems ed-Din.

Manuscrit de luxe daté de 816 H. (1414 J.-C.). 162 feuillets. 17 sur 11 centimètres. Nestalik, avec encadrements et frontispices. (Schefer, P. 221.)

1532.

Fol. 1 v°. ديوان نظيرى. Recueil des œuvres poétiques de Naziri.

Le vrai nom de ce poète est Mohammed Hoseïn; il naquit à Nishapour et se rendit dans l'Hindoustan après avoir séjourné durant quelque temps à Kashan, et y devint l'ami du Khankhanan Abd er-Rahim Khan. Il renonça au monde et embrassa la vie religieuse après un pèlerinage qu'il fit à La Mecque en 1012 H.; il mourut à Ahmedabad en 1022 H. (1613 J.-C.).

Fol. 30 v°. Le كوى و چوكان. « La balle et la raquette », de Mahmoud Arifi, *mesnévi* connu également sous le nom de حال نامه.

XVII° siècle. 55 feuillets. 16 sur 10 centimètres. Nestalik, avec encadrements et frontispices. Reliure en maroquin estampé et doré. (Schefer, P. 222.)

1533.

جَنك. Album contenant des poésies persanes.

XVIII° siècle. 24 pages reliées en éventail. 22 sur 13 centimètres. Shikestèh. (Schefer, P. 223.)

1534.

احتيارات بديعى. Pharmacopée et traité de botanique, par Ali ibn Hoseïn el-Ansari, surnommé Hadji Zein el-Attar. — Cet auteur était le descendant du célèbre mystique Abd Allah el-Ansari; il naquit en 730 à Shiraz, où son père exerçait la profession de médecin.

Cet ouvrage est dédié à la princesse Bédi el-Zéman Khatoun ; il fut composé en 770 H. Il écrivit en outre le
مفتاح الخزاين, le تحفة الملوك, et la رساله در صفت مردان وزنان.

Manuscrit daté de 1065 H. (1654 J.-C.), orné d'un grand nombre de
peintures. 337 feuillets. 21 sur 16 centimètres. Nestalik indien. (Schefer,
P. 224.)

1535.

Fol. 1 v°. اقنوم العجم. Dictionnaire persan expliqué en turc.

Fol. 166 r°. تحفة الصبيان. Vocabulaire arabe-persan et turc.

XVI° siècle. 243 feuillets. 15 sur 11 centimètres. Neskhi et nestalik.
(Schefer, P. 225.)

1536.

كتاب سلجوق نامه. Histoire des Seldjoukides de l'empire de
Roum depuis le règne de Soleïman Shah ibn Koutloumish
(1080 J.-C.) jusqu'à Ghyas ed-Din Masoud ibn Kaikaous, par
Nasir ed-Din Yahya ibn Bibi.

XIV° siècle. 175 feuillets. 22 sur 16 centimètres. Neskhi tendant au
nestalik. (Schefer, P. 226.)

1537.

Le كلستان *Goulistan* et le بوستان *Boustan* de Saadi.

XVI° siècle. 180 feuillets. 24 sur 17 centimètres. Nestalik, avec encadrements et frontispice. Reliure en maroquin estampé et doré. (Schefer,
P. 226 *bis*.)

1538.

صورت كتب كتابخانه امام قولى ميرزا. Catalogue de la bibliothèque d'Imam Kouli Itimad el-Saltanèh Mirza, avec plusieurs autres inventaires du même genre.

XIXᵉ siècle. 36 feuillets. 21 sur 16 centimètres. Shikestèh. (Schefer,
P. 227.)

1539.

براهين العجم در علم عروض ولغت قواعد شعر. Traité d'art
poétique, par Mirza Sipihr, originaire de la ville de Kashan.

Cet ouvrage fut composé sur l'ordre du roi de Perse,
Mohammed Shah Kadjar, qui est nommé, dans la préface, le
« Prince des Poètes » ملك الشعرا ; ce souverain maniait en
effet le vers avec élégance et il a composé un divan.

Le *Berahin el-adjem* se compose d'une préface subdivisée
en 3 *fasl* et de 24 *bab*. On y trouve des extraits de Abou
'l-Faradj, Asir ed-Din, Envéri, Firdousi, Khakani, Khosrav
Dehlevi, Nasir-i Khosrav, Nizami, Onsori, Saadi, Selman Savedji, Hakim Senaï.

Manuscrit copié en 1253 H. (1837 J.-C.). 178 feuillets. 21 sur 13 centimètres. Nestalik persan. (Schefer, P. 228.)

1540.

Dictionnaire persan expliqué en turc, par Mohammed ibn
Bedr ed-Din Mounshi.

Manuscrit daté de 994 H. (1585 J.-C.). 156 feuillets. 20 sur 13 centimètres. Nestalik persan, avec encadrements et frontispices. (Schefer,
P. 229.)

1541.

لهراسپ نامه. Récit des aventures de Lohrasp, extrait du
Livre des Rois de Firdousi.

XVIIᵉ siècle. 189 feuillets. 20 sur 14 centimètres. Talik. (Schefer, P.
229 *bis*.)

1542.

رباعيات بابا طاهر لورى. Recueil de cent soixante-quatorze
quatrains de Baba Taher Louri, écrits dans le dialecte du Louristan, et précédés d'une préface en prose mélangée de vers.

XIXᵉ siècle. 25 feuillets. 20 sur 13 centimètres. Nestalik tendant au
shikestèh, avec encadrements et frontispice. (Schefer, P. 230.)

1543.

Description du Turkestan chinois, ou Grande Boukharie, par Ahmed Shah Nakhshibendi, fils de Khaya Shah Niyas Kashmiri.

XIXᵉ siècle. 25 feuillets. 19 sur 11 centimètres. Nestalik. (Schefer, P. 231.)

1544.

سفر نامه. Récit du voyage de Nasir-i Khosrau.

Manuscrit daté de 1296 H. (1878 J.-C.). 99 feuillets. 21 sur 14 centimètres. Nestalik. (Schefer, P. 232.)

1545.

سفر نامه. Récit du voyage de Nasir-i Khosrau.

Manuscrit copié à Calcutta en décembre 1874 sur un exemplaire daté du mois d'octobre 1793. 282 feuillets. 21 sur 15 centimètres. Nestalik. (Schefer, P. 232 *bis.*)

1546.

Poème babi, sans titre ni nom d'auteur, commençant par le vers :

اى حيات العرش خورشيد و دار

كه جهان و امكان چەتو نورى نوار

XIXᵉ siècle. 12 feuillets. 17 sur 11 centimètres. Neskhi persan. (Schefer, P. 233.)

1547.

نوادر الامثال. Paraphrase en turc oriental de proverbes persans, par Mirek Mohammed Nakhshibendi de Tashkend.

XVIIᵉ siècle. 70 feuillets. 20 sur 13 centimètres. Écriture turque. (Schefer, P. 234.)

1548.

تاريخ تركستان. Histoire du Turkestan, par Mohammed Emin ibn Mirza Zéman Bokhari.

D'après une note écrite sur l'un des feuillets de garde, cet ouvrage contient l'histoire des souverains, émirs, vizirs, savants et artistes qui ont vécu dans le Turkestan, et particulièrement à Bokhara, depuis le règne de Timour; il a été composé sur l'ordre de Ibrahim Koushbegi, et il est souvent cité sous le nom de تاريخچه ترکستان.

Manuscrit daté de 1278 H. (1861 J.-C.), copié par Abd el-Azim Bokhari. 186 feuillets. 21 sur 14 centimètres. Nestalik. (Schefer, P. 235.)

1549.

كلستان. Le Goulistan de Saadi.

Manuscrit daté de 954 H. (1547 J.-C.). 195 feuillets. 15 sur 9 centimètres. Nestalik. (Schefer, P. 235 *bis*.)

1550.

جام جم. « La Coupe de Djemshid », poème en mesnévis, par Avhadi.

Le prologue contient un panégyrique du sultan Abou Saïd Béhadour Khan (715-736) et de son vizir Ghyas ed-Din Mohammed ibn Rashid ed-Din. — Ce poème ne doit pas être confondu avec un ouvrage du même titre, écrit par Saïd Ahmed Khan.

Manuscrit de luxe du XVIe siècle. 192 feuillets. 20 sur 12 centimètres. Nestalik, avec encadrements et frontispices. Reliure en maroquin noir estampé. (Schefer, P. 236.)

1551.

خلاصه صور عبد الرحمن صوفی. Abrégé en persan du précis d'astronomie écrit en arabe par Abd er-Rahman es-Soufi.

Cet ouvrage contient un grand nombre de dessins au trait, et le texte est réduit à fort peu de chose.

XVIe siècle. 46 feuillets. 24 sur 16 centimètres. Nestalik. (Schefer, P. 236 *bis*.)

1552.

كتاب تجارب السلف. Histoire très détaillée de Mahomet et

du Khalifat jusqu'aux conquêtes d'Houlagou, par Hindoushah ibn Sandjar ibn Abd Allah el-Sahibi el-Kirani.

L'auteur nous apprend dans sa préface qu'il a composé cet ouvrage pour un souverain nommé Nasret ed-Din Ahmed, fils de l'atabek Yousouf Shah, fils de l'atabek Hezarasp, aux environs de l'année 730 H. (1329 J.-C.).

Voici les titres qui sont donnés à ces princes dans le manuscrit :

نصرة الحقّ والدين غوث الاسلام وغياث المسلمين المختفى ... احمد بن

اتابك الماضى السعيد قدوة ملوك الاقطار اعدل ولاة الامصار نصرة الدنيا

والدين الواصل الى جوار الله يوسف شاه ابن الاتابك الماضى شمس

الحقّ والدين بن ملك السعيد القديم نصر الدين هزارسف

Manuscrit daté de 1304 H. (1886 J.-C.). 154 feuillets. 22 sur 16 centimètres. Nestalik persan. (Schefer, P. 237.)

1553.

تاريخ آل سلجوق. Histoire de la dynastie des Seldjoukides du pays de Roum, par un auteur anonyme.

Elle s'arrête à la mort du sultan el-Melik el-Nasir en 740 H. (1339), mais sa composition est postérieure à 765 (1363), date à laquelle mourut Ala ed-Din, fils de Soleïman Shah, fils de Roukn ed-Din, fils de Ghyas ed-Din Kai Khosrav, fils du sultan Ala ed-Din Kai Kobad.

XVe siècle. 47 feuillets. 23 sur 16 centimètres. Neskhi. (Schefer, P. 238.)

1554.

فرس نامه. Traité d'hippiatrique, composé par le *seyyid* Abd Allah Khan Behadour pour l'empereur de l'Hindoustan, Shah Djihan, avec vingt et une peintures représentant les diverses races de chevaux.

XVIIIe siècle. 63 feuillets. 21 sur 12 centimètres. Nestalik indien, avec frontispice et encadrements. Reliure indienne en maroquin gaufré. (Schefer, P. 238 *bis*.)

1555.

كتاب تشريح البدن. Traité d'anatomie composé par Mansour ibn Ahmed, pour le prince timouride Ziya el-Hakk wa'l-Soul-tanch wa'd-Dounia wa'd-Din, par Mohammed Behadour.

Cet ouvrage est divisé en cinq *makalah*, précédées d'une préface et suivies d'une conclusion (*khatimeh*), avec des tableaux anatomiques dessinés au trait.

XVII⁰ siècle. 29 feuillets. 25 sur 17 centimètres. Neskhi, avec encadrements et frontispice. (Schefer, P. 239.)

1556.

Fol. 1 v°. تاريخ جهانكشاى جوينى. Histoire des Mongols jusqu'au règne de Mankkou, par Ala ed-Din Ata Melik el-Djouveïni.

Fol. 220 v°. تبصرة الحزين. Histoire des Seldjoukides du pays de Roum, commençant par Roukn ed-Din Abou Taleb Toghrul-bek, fils de Mikaïl, et se terminant par le règne de Roukn ed-Din Abou Taleb Toghrul-bek, fils d'Arslan.

XIV⁰ et XVII⁰ siècles. 264 feuillets. 26 sur 19 centimètres. Nestalik. (Schefer, P. 240.)

1557.

ديوان ركن الدين مسعود. Recueil des œuvres poétiques de Roukn ed-Din Masoud.

Ce poète prit le *takhallus* de Masih, tout en gardant très souvent le nom de Masoud dans le dernier vers de ses pièces. Il était le fils d'un *hakim*, nommé Nizam ed-Din Kashani et naquit dans la ville de Kashan. Il se rendit à la cour du roi Shah Abbas 1ᵉʳ, puis il passa dans l'Inde à l'époque d'Akbar, et devint le poète favori de l'empereur Shahdjihan. Il retourna dans sa ville natale à un âge très avancé et mourut en 1057 H. (1647 J.-C.). En plus de son *divan*, il a laissé trois *mesnévis* et une histoire, également écrite en *mesnévis*, de Rama et Sita, tirée du Ramayana.

XVII⁰ siècle. 140 feuillets. 16 sur 24 centimètres. Nestalik, avec encadrements et frontispice. Reliure en maroquin estampé. Manuscrit provenant du Sérail. (Schefer, P. 241.)

1558.

هشت بهشت. Histoire des huit premiers sultans de la dynastie ottomane, par Maulana Hukm ed-Din Idris Bitlisi, fils
de Maulana Hosam ed-Din Ali.

L'auteur commença par être secrétaire d'état à la cour de
Yakoub-Beg, prince de la dynastie du Mouton Blanc (*Ak-ko-
younlu*) († 895 H.). Il écrivit au nom de ce souverain une lettre
au sultan Bayézid Khan qui admira l'élégance de son style et
qui le prit à son service quand il fut obligé de se réfugier en
Turquie. Il accompagna le sultan Sélim dans ses campagnes
d'Égypte et de Perse, et mourut en 926 H. (1519 J.-C.). — Son
histoire porte également le titre arabe de الصفات الثمانية فى

اخبار القياصرة العثمانية.

XVIIᵉ siècle. 260 feuillets. 28 sur 17 centimètres. Nestalik. (Schefer,
P. 242.)

1559.

مجالس العشاق. Biographies de savants et principalement de
soufis, par le sultan timouride Kémal ed-Din Sultan Hoseïn
ibn Sultan Mansour ibn Baïkara ibn Omar Sheïkh († 911 H.).

Manuscrit de luxe, orné de 75 miniatures, copié au XVIIᵉ siècle par un
nommé Ahmed Hafiz, et qui a fait partie de la bibliothèque du *navab*
Kamyab Ashraf Akdas. 296 feuillets de papier sablé d'or. 28 sur 16 centimètres. Beau nestalik, avec encadrements et frontispices. Reliure
laquée. (Schefer, P. 243.)

1560.

فرهنگ جهانگیری. Le dictionnaire persan nommé Ferhangi
Djihangiri, par Djémal ed-Din Hosaïn Indjou الحجو ibn Fakhr
ed-Din Hasan Shirazi.

XVIIᵉ siècle. 620 feuillets. 29 sur 16 centimètres. Nestalik, avec encadrements et frontispice. (Schefer, P. 244.)

1561.

توزك غازان خان. Les ordonnances du sultan mongol Ghazan Khan (694-703 H.), précédées d'une table des matières.

XIV⁰ siècle. 125 feuillets. 27 sur 18 centimètres. Neskhi tendant au nestalik. (Schefer, P. 245.)

1562.

كتاب بختيار نامه. Le Bakhtiyar Namèh.

Il existe plusieurs versions de ce recueil de contes qui a été traduit en turc oriental et dont un exemplaire écrit en caractères ouïgours se trouve à Oxford. Le présent manuscrit commence par : ابتداى اقوال وافتتاح اعمال بحمد الهى وشكر نعماى.

Manuscrit copié en 663 H. (1465 J.-C.). 77 feuillets. 29 sur 18 centimètres. Neskhi, avec encadrements. (Schefer, P. 246.)

1563.

تاريخ جهانكشاى جوينى. Histoire des Mongols depuis Tchinkkiz Khakan jusqu'à Mankkou Kaan, par Ala ed-Din Ata Melik el-Djouveïni.

Cet exemplaire porte le titre de تاريخ جوينى در بيان احوال سلاطين مغول.

Manuscrit daté de 1259 H. (1843 J.-C.). 199 feuillets. 28 sur 18 centimètres. Talik, avec encadrements. (Schefer, P. 247.)

1564.

ترجمه يمينى. Traduction par Abou'l-Sharaf Nasih ibn Zafer ibn Saad el-Munshi el-Djarbadakani, de l'histoire de l'émir Sebouktikin et de son fils, le sultan Mahmoud de Ghazna, écrite en arabe par Abou Nasr Mohammed ibn Abd al-Djebbar Otbi († vers 420 H.).

Cette chronique fut écrite dans les premières années du vii⁰ siècle de l'hégire, et elle est dédiée à Ouloug Barbek Ayabah, seigneur de la ville forte de Farrazin, près d'Hamadhan.

XIII⁰ siècle. 239 feuillets. 30 sur 18 centimètres. Neskhi tendant au nestalik. Reliure en maroquin gaufré. Manuscrit provenant du Sérail. (Schefer, P. 248.)

1565.

كتاب كنز اللغة. Dictionnaire persan avec explications en persan, par Raouf Mohammed ibn Abd el-Khalik ibn Maarouf, composé pour le sultan Kar Giya Sultan Mohammed, souverain du Gilan (851-883 H.).

Manuscrit daté de 1051 H. (1641 J.-C.). 342 feuillets. 25 sur 18 centimètres. Bon nestalik indien. (Schefer, P. 248 *bis*.)

1566.

Fol. 1 v°. ديوان اصفى. Recueil des œuvres poétiques d'Aséfi, fils de Khadjeh Nimet Allah Kohistani, l'un des principaux poètes de la cour du sultan timouride Hoseïn, et ami de Mir Ali Shir Nevaï († 923 H.).

Fol. 56 v°. نظيرات. Recueil de proverbes, par Mohammed Ali, composé en 1049 H. sur l'ordre du roi séfévi Shah Ismaïl.

XVIIIᵉ siècle. 77 feuillets. 32 sur 26 centimètres. Nestalik cursif. (Schefer, P. 249.)

1567.

روضة الصفا فى سيرة الانبيا والملوك والخلفا. Histoire générale depuis la création jusqu'au xᵉ siècle de l'hégire, par Mohammed ibn Khavend Shah ibn Mahmoud, plus connu sous le nom de Mirkhond, dédiée à Mir Ali Shir Nevai.

Premier volume, comprenant l'histoire des Prophètes et celle des Sassanides.

Manuscrit du XVIIᵉ siècle, orné de peintures. 307 feuillets. 20 sur 33 centimètres. Nestalik, avec encadrements et frontispice. (Schefer, P. 250.)

1568.

Fol. 1 v°. كتاب عجايب الدنيا. Traité d'histoire naturelle analogue à l'ouvrage bien connu de Kazwini, par Masoudi Mohammed ibn Hoseïn.

Cet ouvrage porte également le titre de فرّخ نامه جلالى,

suivant la préface. Il est divisé en seize *makalat*, mais dans le présent exemplaire, il en manque cinq entre la dixième et la seizième. — Ce manuscrit écrit aux Indes est daté de l'année 48 du règne d'un prince, qui est évidemment Aurengzeb.

Fol. 145 v°. قصه سلطان اسكندر. Histoire d'Alexandre le Grand.

La souscription donne à tort le nom du traité précédent à cette histoire purement légendaire du roi grec; elle est datée de l'an 47 du même souverain indou.

Manuscrit à peintures du XVIII° siècle. 152 feuillets. 18 sur 32 centimètres. Bon nestalik indien, avec encadrements et frontispices. (Schefer, P. 251.)

1569.

قصه كام روپ ولتا كام. Histoire en vers des amours de Kamroup et de Kamlata, par Mohammed Mourad, dédiée à Mir Isa, fils d'Islam Khan Badakhshi, qui reçut le titre de Himmet Khan dans la première année du règne de l'empereur Aurengzeb († 1092 J.-C.).

Manuscrit du XVIII° siècle, orné de miniatures. 143 feuillets. 20 sur 31 centimètres. Nestalik indien, avec encadrements et frontispices. (Schefer, P. 252.)

1570.

Traité de géographie anonyme, divisé par climats.

Manuscrit du XVIII° siècle, orné de nombreuses cartes. 138 feuillets. 21 sur 32 centimètres. Nestalik. (Schefer, P. 253.)

1571.

Le سياست نامه. Traité de gouvernement, également intitulé كتاب سير الملوك, écrit par le vizir Nizam el-Moulk, et divisé en cinquante sections.

Manuscrit daté de l'année 649 H. (1232 J.-C.). 202 feuillets. 15 sur 22 centimètres. Nestalik. (Schefer, P. 254.)

1572.

مرقّع. Recueil de peintures persanes et indiennes des xvi^e
et xviie siècles.

On y trouve particulièrement les portraits d'ambassadeurs
chinois, avec l'indication de l'année 1112 H. (1700 J.-C.),
sans qu'il soit possible de déterminer si cette date est celle
de l'ambassade ou celle à laquelle l'artiste a exécuté son travail, le portrait du célèbre sheïkh Sanaan, et l'épisode de
la rencontre de Khosrav et de Shirin.

Manuscrit du XVIe ou XVIIe siècle, formé de feuilles pliées en paravent
et contenant 29 peintures. 29 feuillets. 25 sur 39 centimètres. Reliure
laquée. (Schefer, P. ...)

1573

تاريخ اصفهان. Histoire d'Isfahan, par un auteur qui ne se
nomme point; une assez grande partie de cet ouvrage se
compose d'extraits de poésies.

Manuscrit daté de 1315 H. (1898 J.-C.). 133 feuillets. 21 sur 14 centimètres. Neskhi. (Schefer, P. ...)

1574.

كتاب عقد العلى للموقف الاعلى. Histoire de la conquête du
Kirman, par le général Ghazi Mélik Dinar (581-582 H.),
écrite par Afdal ed-Din Ahmed ibn Hamid Kermani, qui
avait composé une histoire des Seldjoukides du Kirman beaucoup plus importante que le présent ouvrage et intitulée
بدايع الازمان فى وقايع كرمان.

Le عقد العلى, qui est divisé en cinq sections, et dans lequel
on trouve des renseignements géographiques très importants,
a été dédié en l'année 584 H. (1188 J.-C.) à Mélik Dinar.

Manuscrit copié en 1313 H. (1895 J.-C.). 107 feuillets. 13 sur 21 centimètres. Bon neskhi et nestalik persans. (Schefer, P. ...).

1575.

Traité sur la religion musulmane, sans titre ni nom d'auteur.

XVIIIe siècle. 107 feuillets. 10 sur 17 centimètres. Nestalik. (Schefer, P. ...)

1576.

حكايت پسر رومی · Histoire du fils du Roumi ; historiette en persan, écrite en prose mêlée de vers, dans un style très recherché, sans nom d'auteur.

XIXe siècle. 18 feuillets de papier rose repliés en paravent. 16 sur 11 centimètres. Neskhi. (Schefer, P. ...)

1577.

كتاب مهابهارت. Fragment d'une traduction persane du Mahabharata, contenant la fin du IIIe et le commencement du IVe livre (فن) de l'ouvrage entier ; le IVe livre est nommé بيرات پرب ou *Virata Parva*. — Ce manuscrit est incomplet du commencement et de la fin, quoique la dernière page, qui est rapportée, indique qu'il est terminé.

XVIIe siècle. 36 feuillets. 26 sur 18 centimètres. Nestalik. (Schefer, P. ...)

1578.

شرح احوال ناصری خسرو. Notes sur Nasir-i Khosrau, rédigées pour M. Schefer par le Ministre de l'Instruction publique de Perse et par Djaafar Kouli Khan, fils de Riza Kouli Khan.

XIXe siècle. 25 feuillets. 22 sur 15 centimètres. Nestalik. (Schefer, P. ...)

III

MANUSCRITS TURCS

Nᵒˢ 957 à 1194

957.

كتاب مفتاح الجنان . « La Clef du Paradis », traité en turc oriental sur les dogmes et les prescriptions de l'Islamisme divisé en 25 chapitres.

XVIIIᵉ siècle. 165 feuillets. 19 sur 14 centimètres. Nestalik. (Schefer, Dj. 1.)

958.

Fol. 1 vᵒ. الشهدا (sic) كتاب روزة . « Le Verger des gens pieux », traduction en turc oriental de l'histoire de la mort des fils d'Ali, Hasan et Hoseïn et des martyrs de l'Islamisme, suivi de traditions حديث relatives à Mahomet et d'un « Livre de Préceptes ».

Fol. 162 vᵒ. وصية نامه . Livre de Préceptes attribué au roi de Perse Khosrav Anoushirvan.

XVIIIᵉ siècle. 214 feuillets. 20 sur 14 centimètres. Nestalik. (Schefer, Dj. 2.)

959.

حقّ نامه . Traité en vers mesnévis et en turc oriental sur les principes de l'Islamisme, traduit en l'an 843 H., sur un original arabe qui avait été écrit en 690 H.

Ce volume a appartenu à un musulman chinois qui l'a annoté.

Manuscrit copié à Péking en 1223 H. (1808 J.-C.) par un nommé Thahir. 20 feuillets de papier de mûrier. 29 sur 13 centimètres. Nestalik. (Schefer, Dj. 3.)

960.

Poème en turc oriental sur les dogmes de l'Islamisme et les devoirs des Musulmans, le tout mélangé de prières et d'invocations en langue arabe.

XVIIIe siècle. 100 feuillets. 20 sur 12 centimètres. Nestalik. (Schefer, Dj. 4.)

961.

مثنوى معنوى. Traduction en turc oriental d'un abrégé du Mesnévi de Djélal ed-Din Roumi.

XVIIIe siècle. 60 feuillets. 21 sur 13 centimètres. Nestalik. (Schefer, Dj. 5.)

962.

Recueil de trois ouvrages de Mir Ali Shir Névaï († 906 H.).

Fol. 1 v°. Le محبوب القلوب, traité de morale, le dernier ouvrage du poète, divisé en trois chapitres.

Fol. 95 v°. Le مجالس النفايس, traité biographique des poètes turcs et persans, ses contemporains, divisé en huit livres, dont chacun porte le nom de *medjlis*.

Fol. 187 v°. Le خمسة المتحيرين, biographie du célèbre poète persan Nour ed-Din Abd er-Rahman Djami, divisée en trois chapitres, une préface et une conclusion. — Cet ouvrage porte également le titre de رسالة فى اوصاف مولانا جامى.

Manuscrit copié en 973 H. (1565 J.-C.) par Pir ibn Mourad Dizdar. 219 feuillets. 21 sur 14 centimètres. Nestalik. (Schefer, Dj. 6.)

963.

استشهدات النواية فى اللغة النواية. Dictionnaire turc oriental expliqué en turc osmanli et composé surtout en vue de la lecture des œuvres de Mir Ali Shir Nevaï.

Ce dictionnaire est plus souvent cité sous le nom d'ابوشقه,
mot par lequel il commence et on le trouve quelquefois
nommé اللغات النوائية والاستشهادات الجغتائية.

L'auteur qui n'est pas connu composa cet ouvrage environ cinquante ans après la mort de Névaï, soit vers l'année 956 H.

Manuscrit copié en 958 H. (1591 J.-C.) par Mohammed Moumin Zadèh.
201 feuillets. 20 sur 13 centimètres. Nestalik. (Schefer, Dj. 7.)

964.

Le même ouvrage.

XVIIᵉ siècle. 117 feuillets. 20 sur 13 centimètres. Nestalik. (Schefer,
Dj. 8.)

965.

Le مجالس النفايس de Mir Ali Shir Névaï (voir le n° 962).

XVIIᵉ siècle. 109 feuillets. 19 sur 13 centimètres. Talik, avec encadrements et frontispices. Reliure en maroquin brun. (Schefer, Dj. 9.)

966.

كتاب عدّة الاسلام. Traité des principaux dogmes de l'Islam
dans lequel on trouve un grand nombre de phrases arabes
qui sont traduites en turc oriental.

Ce livre est la traduction d'un original persan ou arabe.
Parmi les autorités qui y sont citées, on remarque l'imam
Shéref ed-Din Naudjabadi, le khadjèh Zaher, Zadjendi, etc.

XVIIIᵉ siècle. 26 feuillets de papier chinois, repliés comme dans les livres
chinois et écrits d'un seul côté. 26 sur 16 centimètres. Nestalik. (Schefer,
Dj. 10.)

967.

Traité en turc oriental, en prose, sur les dogmes, les

principes et les commandements de la religion musulmane
intitulé درّة شريعة ou وصفته (وصفة .l) العابدين كتاب.

XVIIIᵉ siècle. 84 feuillets. 20 sur 13 centimètres. Nestalik. (Schefer,
Dj. 11.)

968.

ثبات العاجزين. Traité en turc oriental, en vers, sur les
dogmes et les principes de l'Islam, sur l'histoire de Mahomet
et les devoirs des musulmans. — Il est indiqué dans la préface
comme étant la traduction d'un livre persan intitulé عقيدات
نامه.

XVIIIᵉ siècle. 84 feuillets. 20 sur 12 centimètres. Nestalik. (Schefer,
Dj. 12.)

969.

.حضرت خواجه يعقوب خواجم پادشاه نينگ انيتقان تصنيفات لارى
Recueil des compositions poétiques, ou sorte de *divan* en turc
oriental du khadjèh Yakoub Khadjem Padishah.

D'après une note placée en tête de cet exemplaire, un de ses
possesseurs attribuait ces médiocres poésies au célèbre Ali
Shir Névaï; il a appartenu à un nommé Asah Allah, fils de
l'*akhound* Foulad Khadjèh d'Aksou.

XIXᵉ siècle. 80 feuillets de papier grossier. 19 sur 12 centimètres. Nestalik. (Schefer, Dj. 13.)

970.

La خمسة المتخيرين de Mir Ali Shir Névaï (voir le nᵒ 962).

XVIIᵉ siècle. 67 feuillets. 19 sur 11 centimètres. Bon nestalik, avec encadrements et frontispices. (Schefer, Dj. 14.)

971.

Histoire fabuleuse écrite en turc oriental d'un souverain

de Bokhara, nommé Adil Khan خان عادل, et intitulée كلستان
زات ننك حكايات لارى (sic) كتاب فادشاه. — Elle est écrite en prose
mêlée de vers, et divisée en 9 *manzer*; le nom de l'auteur n'est
pas indiqué; il est seulement dit que و راويان اخبار امّا
ناقلان اثار انداغ روايت ما قيلور كيم بلخ شهريدا بر پادشاه بارا بردى.

XVIIe siècle. 87 feuillets de papier grossier du Turkestan. 20 sur 14 centimètres. (Schefer, Dj. 15.)

972.

Recueil de différents opuscules en turc oriental, parmi lesquels il convient plus particulièrement de citer les suivants :
1° un فال نامه, ou traité de divination, qui s'opère le plus souvent
avec le Koran; 2° les quatorze noms que les musulmans don-
nent à la première sourate du Koran; 3° de très nombreux pas-
sages du Koran disposés pour la divination (فال); 4° les principes de l'imam Djaafer el-Sadik l'Alide sur la manière de
pratiquer la divination; 5° la valeur mystique des sourates du
Koran; à la fin, se trouve une notice en persan écrite à l'encre
rouge et indiquant la manière de se servir de ce traité.

Fin du XVIIIe siècle ou commencement du XIXe. 276 feuillets. 18 sur 11
centimètres. Gros nestalik et neskhi de la Transoxiane. (Schefer, Dj. 16.)

973.

Fol. 1 v°. Le فرهاد و شيرين. Histoire de Ferhad et Shirin, par
Omer Baki, en turc oriental.

Fol. 65 v°. قصّه ليله ومجنون. Histoire de Leïla et Medjnoun,
en turc oriental.

Fol. 88 v°. قصّه سلطان جمجمه. Histoire de sultan Djem-
djémèh, en turc oriental.

XVIIIe siècle. 103 feuillets. 21 sur 12 centimètres. (Schefer, Dj. 17.)

974.

کنج حقایق . « Trésor des vérités ». Catéchisme musulman en vers écrit en turc oriental.

Au commencement de ce volume se trouvent des dessins à l'encre verte fort médiocres, exécutés en Chine.

XVIIIe siècle. 93 feuillets de papier de Chine. 21 sur 13 centimètres. Nestalik. (Schefer, Dj. 18.)

975.

قصّه فرهاد و شیرین . Histoire de Ferhad et Shirin, en turc oriental, un peu différente de celle qui est contenue dans le n° 973.

Manuscrit copié en 1201 H. (1264 J.-C.) par le mollah Shah Aziz, fils du mollah Shah Azar. 60 feuillets. 21 sur 14 centimètres. Nestalik. (Schefer. Dj. 19.)

976.

Fol. 1 v°. خمسة المتحيرين . Biographie de Djami, par Mir Ali Shir Névaï (voir le n° 962).

Fol. 55 v°. مرثیة مولانا جامى المرحوم . Élégies sur la mort du célèbre poète soufi Nour ed-Din Abd er-Rahman Djami, par Safi ed-Din.

Manuscrit copié en 939 H. (1532 J.-C.). 60 feuillets. 20 sur 12 centimètres. Nestalik. (Schefer, Dj. 20.)

977.

دیوان فخرى . Recueil des œuvres poétiques de Fakhri, en turc oriental.

Le volume commence par des traditions حدیث et des prières traduites en persan ; la fin est occupée par quelques traditions en turc oriental.

XVIIIe siècle. 150 feuillets. 21 sur 12 centimètres. Nestalik. (Schefer, Dj. 21.)

978.

Fol. 1 v°. قصّه شيخ سنعان. Histoire en vers du *sheïkh* Abd er-Rezzak de Sanaan, par Mir Ali Shir, illustrée de six miniatures. — L'histoire singulière de ce personnage est racontée très en détail par Férid ed-Din Attar dans le منطق الطير. — Il existe un poème analogue en turc osmanli (Rieu, *Catal. of Turkish manuscripts*, p. 1856).

Fol. 25 v°. مخزن الاسرار. Poème religieux écrit pour imiter l'ouvrage du même titre de Nizami, et dans le même mètre, par le sofi Haider Telbèh, dont le vrai nom était Mir Haider Medjzoub, contemporain de Mir Ali Shir Névaï et panégyriste du sultan Iskender. Il y a au moins deux rédactions assez différentes de cet ouvrage.

XVIe siècle. 52 feuillets. 19 sur 12 centimètres. Nestalik, avec encadrements et frontispice. Reliure en laque rouge dorée. (Schefer, Dj. 22.)

979.

Recueil d'historiettes (حكايات) sur les Prophètes, en turc oriental.

Manuscrit de luxe du XVIIIe siècle. 43 feuillets de papier bleu. 20 sur 14 centimètres. Très beau nestalik, avec encadrements et frontispices. (Schefer, Dj. 23.)

980.

فرهاد و شيرين. Histoire en vers de Ferhad et Shirin, par Mir Ali Shir Névaï, formant la seconde partie de la *Khamsèh*, dans le mètre du *Khosrev u Shirin* de Nizami.

XVIIe siècle. 182 feuillets. 19 sur 11 centimètres. Nestalik, avec encadrements et frontispice. Reliure en cuir gaufré. Cet exemplaire provient de la bibliothèque du Sérail. (Schefer, Dj. 24.)

981.

ديوان لطفى وديوان كدا. Divans en turc oriental de Lutfi et de Guéda.

Lutfi fut le contemporain de Mir Ali Shir et le protégé du prince timouride Mirza Baïsonghar. Ali Shir l'appelle le « prince de la parole » (*melik el-kelam*); il n'avait pas son rival aussi bien pour la poésie turque que pour la poésie persane. On peut voir dans Rieu (*Catal. of Turkish manuscripts,* p. 286 *b*) la liste de ses autres ouvrages.

XVIIᵉ siècle. 161 feuillets. 17 sur 11 centimètres. Nestalik, avec encadrements et frontispices. (Schefer, Dj. 25.)

982.

Traité de mysticisme en turc oriental, en vers, incomplet du commencement et de la fin. Ce traité de soufisme a été dédié au sultan timouride Abou 'l-Ghazi Hoseïn Béhadour Khan, qualifié dans le présent exemplaire de سلاطین خیلی نینك

سرافرازی و خواقین ملکی نینك برادری معزّ السلطنة والدین ابو الغازی سلطان بهادر خان.

Un des possesseurs de ce manuscrit y a vu un dictionnaire djagataï, comme l'indique une note écrite sur le plat intérieur de la reliure.

XVIIᵉ siècle. 119 feuillets. 16 sur 11 centimètres. Nestalik, avec encadrements. Reliure en maroquin rouge. (Schefer, Dj. 26.)

983-984.

Recueils de traditions musulmanes et de notes de tout genre pour la plus grande partie écrites en arabe.

On trouve dans ces manuscrits des fragments de manuscrits latins, syriaques, hébreux, arabes, grecs et arméniens, écrits sur parchemin. Ils ont été évidemment formés et écrits en Syrie, puis de là transportés dans le Turkestan.

XIIᵉ-XVIIIᵉ siècles. 173 et 220 feuillets, papier et parchemin. 14 sur 10 centimètres. Neskhi, nestalik, coufique, etc. (Schefer, Dj. 27 et 27 *bis*.)

985.

Le مجالس النفايس. Biographie des poètes, par Mir Ali Shir Névaï.

XVI⁰ siècle. 108 feuillets. 17 sur 11 centimètres. Nestalik, avec encadrements. (Schefer, Dj. 28.)

986.

Volume analogue à ceux qui portent les n⁰ˢ 983 et 984.

XII⁰-XVIII⁰ siècles. 259 feuillets de papier et parchemin. 15 sur 11 centimètres. Neskhi, nestalik, coufique, etc. (Schefer, Dj. 29.)

987.

قصص الانبيا. Histoire des Prophètes en turc oriental, également intitulée dans le présent manuscrit مهتر آدم عليه السلام جميع پيغمبر لار ننكت قصه لارى. — Elle est divisée en trente-huit *babs*, et est évidemment traduite du persan, par un auteur dont le nom est resté en blanc dans ce manuscrit. Elle est dédiée au sultan du Kharezm خارزم Abou 'l-Mouzaffer Moïn ed-Din Kharezm Béhadour Sultan.

XVIII⁰ siècle. 96 feuillets. 31 sur 20 centimètres. Nestalik. (Schefer, Dj. 30.)

988.

جمشيد نامه. Livre de Djemshid, traduit du persan ou tout au moins compilé d'après les sources persanes, en turc oriental. — Il commence par la généalogie de Noé à peu près telle qu'on la retrouve dans la Chronique de Rashid ed-Din, dans le *Zafer Naméh* de Shéref ed-Din Ali Yezdi et dans le *Tarikh-i sélatin-i Tchaghata*; cet ouvrage a été composé sous le règne du sultan timouride Hoseïn Mirza Baïkara.

XVIII⁰ siècle. 188 feuillets. 30 sur 20 centimètres. Nestalik. (Schefer, Dj. 31.)

989.

تذكيرة (sic) اوليا كتاب. « Histoire des Saints du Mysticisme »
en turc oriental, par un auteur qui ne se cite point et qui a
pris comme base le *Tezkéret el-Evlia* de Férid ed-Din Attar.

Le présent manuscrit n'a point de préface et commence
par la biographie du *khvadjèh* Oveïs Karni; on lit ensuite des
notices sur l'*imam* alide Djaafer el-Sadik, sur Hoseïn Basri,
Mélik Dinar, Hébib Adjémi, Abou Hazem Mekki, Otba, fils
d'el-Ghoulam, Mohammed Vasi, Rabiya Adouviyyeh, Fadil
Ayaz, Ibrahim Edhem, Bashr Djafi, Sultan Bayézid Bistami
et Djouneïd.

XIXe siècle. 158 feuillets. 31 sur 22 centimètres. Nestalik. (Schefer,
Dj. 32.)

990.

كتاب غزای النبی وغزای حضرت امام علی کرم الله. Ce titre, qui
est écrit sur le manuscrit, est évidemment rapporté, tandis
qu'il est donné dans la préface sous la forme كتاب سيرة النبوی.
Histoire en turc oriental des guerres du Prophète et des événements qui se produisirent jusqu'à la mort de ses deux petits-fils Hasan et Hoseïn. — Ce livre est vraisemblablement
traduit de l'ouvrage d'Abou 'l-Hasan el-Bekri dont la principale source est le *Siret el-Resoul* d'Ibn Ishak. Rien ne permet
de déterminer à quelle époque cette traduction a été exécutée;
il est probable que ce fut sur l'ordre d'un prince timouride.

Manuscrit daté de 953 H. (1546 J.-C.). 373 feuillets. 30 sur 21 centimètres. Neskhi. (Schefer, Dj. 33.)

991.

ديوان مير علی شير نوای. Recueil des œuvres poétiques de
l'émir Mir Ali Shir Névaï, avec une préface en prose mêlée de
vers. — On y trouve les ouvrages suivants : les Ghazels, les رساله

رساله ,رساله مخمّس ,سقى نامه ,رساله مثنويات ,رساله ترجيعات ,مستراد

رساله العزيز ساله ,رساله معميات باسم آدم ,رساله مقطعات ,مسدّس;

il est orné de cinq peintures.

XVIᵉ siècle. 194 feuillets. 26 sur 18 centimètres. Nestalik. Reliure en maroquin gaufré. (Schefer, Dj. 34.)

992.

مفتاح الجنان. La Clef du Paradis; traité religieux en turc oriental, traduit du persan de Wudjih ed-Din, pour un prince nommé Mirza Mahmoud ibn Mohammed Berlas et divisé en vingt-cinq *babs*.

Manuscrit copié à Yarkend, par le *mollah* Kourban en 1164 H. (1751 J.-C.). 201 feuillets. 28 sur 20 centimètres. Nestalik. (Schefer, Dj. 35.)

993.

ديوان سلطان حسين بهادر خان. Recueil des œuvres poétiques du sultan Abou 'l-Ghazi Sultan Hoseïn Baïkara Béhadour Khan, qui porte dans ce manuscrit le titre de السلطان الاعظم المولى السلاطين العرب والعجم ابو الغازى سلطان حسين بهادر خان et dont le *tékhallus* ou surnom poétique était Hoseïni.

On trouve dans ce manuscrit trois miniatures exécutées par le peintre Behzad; le portrait de Sultan Hoseïn se trouve dans trois d'entre elles. Ce prince, né en 842 H., fut le dernier des sultans timourides de l'Iran (873-911). Sa cour était le rendez-vous des artistes de tout le Turkestan et beaucoup des meilleures miniatures persanes ont été exécutées par les peintres qui étaient à son service.

Manuscrit de très grand luxe copié en 890 H. (1485 J.-C.) à Hérat par le célèbre calligraphe Sultan Ali el-Meshhédi. 59 feuillets de papier sau-

poudré d'or encadrées dans des feuilles de carton. 24 sur 16 centimètres.
Beau nestalik. Cet exemplaire a appartenu à la bibliothèque des empereurs Mongols de l'Hindoustan. (Schefer, Dj. 36.)

994.

ديوان مير على شير نواى. Divan de Mir Ali Shir Névaï.

XVIII⁰ siècle. 134 feuillets. 25 sur 17 centimètres. Nestalik. Reliure en
laque peinte. (Schefer, Dj. 37.)

995.

ديوان خطاى. Divan de Shah Ismaïl I, fondateur de la dynastie des Sofis (892-930 H.), en turc azéri.

XVII⁰ siècle. 64 feuillets. 28 sur 15 centimètres. Nestalik, avec encadrements et frontispice. Reliure en maroquin. (Schefer, Dj. 38.)

996.

منطق الطير. Dialogues des Oiseaux, par Mir Ali Shir Névaï;
traduit de l'original écrit en persan par Férid ed-Din Attar.

Manuscrit orné de six miniatures, copié à Boukhara en 960 H. (1553 J.-C.)
pour le sultan de la Transoxiane Mohammed Yar Béhadour Khan. 60 feuillets. 29 sur 21 centimètres. Nestalik. (Schefer, Dj. 39.)

997.

ديوان مير على شير نواى. Divan de Mir Ali Shir Névaï.

Manuscrit copié à Samarkand en 989 H. (1581 J.-C.) par Mirek ibn
Khavend Mohammed Sheikh. 209 feuillets. 25 sur 18 centimètres. Nestalik. Reliure en maroquin estampé et doré. (Schefer, Dj. 40.)

998.

قصه سيف الملوك وبديع الجمال. Histoire de Séïf el-Moulouk et
de Bédi el-Djémal, suivie de l'histoire du roi Naurouz, en turc
oriental.

XVII⁰ siècle. 112 feuillets. 27 sur 16 centimètres. Nestalik, avec encadrements et frontispices. Reliure en soie rose. (Schefer, Dj. 41.)

999.

حيرة الابرار. Le premier des mesnévis de la *Khamsèh* de Mir Ali Shir Névaï, composé dans le même mètre que le مخزن الاسرار de Nizami, en imitation du مطلع الانوار de l'émir Khosrav Dehlevi et du تحفة الاحرار de Djami.

XVIe siècle. 177 feuillets. Nestalik, avec encadrements et frontispices. Reliure en laque peinte avec miniatures. (Schefer, Dj. 42.)

1000.

لغة سنكلاخ. Dictionnaire turc oriental expliqué en persan, avec une introduction grammaticale intitulée مبانى اللغة, par Mirza Mohammed Mehdi Khan, historien de Nadir Shah.

Ce dictionnaire était surtout destiné, dans la pensée de l'auteur, à fournir un lexique complet de la langue de Mir Ali Shir Névaï, mais on y trouve également le dépouillement des *Mémoires* de Baber, des poésies de Lutfi, d'Haïder Telbeh, et du *Tarik-i Vassaf.* Il a été abrégé sous le nom de خلاصة عبّاسى, par un nommé Mohammed, originaire de la ville de Khoui (خوئى).

Manuscrit daté de 1294 H. (1877 J.-C.). 439 feuillets. 27 sur 18 centimètres. Nestalik. Reliure en laque. (Schefer, Dj. 43.)

1001.

Livre d'Oghouz en turc oriental écrit en caractères ouigours ou mongols; fragment dans lequel se trouve exposée la descendance d'Oughouz, le nom de ses fils et petits-fils et l'invention de leurs armoiries.

XVIe siècle. 21 feuillets. 19 sur 13 centimètres (Schefer, Dj. 44.)

1002.

مجمع الخواص. Biographie des poètes persans et turcs, depuis le règne de Shah Ismaïl, jusqu'à Shah Abbas le Grand (1642-1666), par Sadiki Gilani, en turc oriental.

Manuscrit copié en 1267 H. (1851 J.-C.) par Hasan Tébrizi. 121 feuillets. 28 sur 17 centimètres. Nestalik. Reliure maroquin. (Schefer, Dj. 45.)

1003.

Fol. 1 vº. تذكرة الشعرا. Histoire des poètes, par Mir Ali Shir Névaï.

Fol. 73 vº. ديوان سلطان حسين ميرزا بايقرا. Divan du Sultan Hoseïn Mirza Baïkara (voir nº 993).

Fol. 120 vº. منتخب خمسة امير خسرو. Extraits des « Cinq poèmes » de l'émir Khosrav Dehlevi.

Fol. 136 vº. منتخب خمسة المتحيرين. Extraits de la *Khamsèh-i Mutehairin* de l'émir Ali Shir Névaï.

XVIIIᵉ siècle. 154 feuillets. 25 sur 17 centimètres. Nestalik. Reliure en maroquin estampé. (Schefer, Dj. 46.)

1004.

اشعار متفرقه نواى وغيرها. Extraits des poésies de Névaï et d'autres poètes.

XVIIIᵉ siècle. 43 feuillets. 25 sur 18 centimètres. Nestalik. (Schefer, Dj. 47.)

1005.

قصه روم فادشاه ننك قزى سوال لارى منك سوال كتاب. His-toire de la fille de l'empereur de Roum, avec les questions qu'elle posa et les réponses qui lui furent faites, en turc oriental.

XIXᵉ siècle. 102 feuillets. 23 sur 13 centimètres. Nestalik du Turkestan. (Schefer, Dj. 48.)

1006.

Histoire des Prophètes en turc oriental, par Toghlouk Timour Khan ; c'est du moins le titre indiqué dans la souscription : تمنت اكتاب (sic) توغلوقتیمور خان ننگك قصص لارنی بو ترور.

Manuscrit copié au XIXᵉ siècle à Kholen (حسن شهریدا) par le *molla* (ملّا)
Mohammed Yoltash. 113 feuillets de papier de Chine. Nestalik courant du
Turkestan chinois. (Schefer, Dj. 49.)

1007.

سلطان العارفین کتاب. Traité de théologie musulmane, en
turc oriental, probablement par le *khadjèh* Ahmed Yésévi.

XIXᵉ siècle. 140 feuillets. 23 sur 16 centimètres. Nestalik du Turkestan. (Schefer, Dj. 50.)

1008.

مجنون و لیله. Histoire des amours de Leïla et Medjnoun, par
Mir Ali Shir Névaï. — Cet ouvrage forme le troisième *mesnévi*
de la *Khamsèh* ; on lit dans le prologue les louanges de Nour
ed-Din Abd er-Rahman Djami, de Sultan Hoseïn Baïkara,
de son fils aîné Bédi ez-Zéman Mirza, et dans la dernière partie
celles de Sultan Oveïs Béhadour, fils de Baïkara.

Manuscrit copié en 889 H. (1484) par le derviche Ahmed, fils du *sheïkh*
Djounéïd, fils de Maulana Yakoub. 128 feuillets. 21 sur 13 centimètres.
Nestalik. (Schefer, Dj. 51.)

1009.

مثنوی مستعین. Poème sur la religion musulmane et la vie
ascétique ; il porte le titre de مسنوی مستعین (مستقین) کتابی (ou
بو ترور.

XIXᵉ siècle. 53 feuillets. 23 sur 15 centimètres. Nestalik. (Schefer,
Dj. 52.)

1010.

Traduction en turc oriental d'un abrégé en prose du Livre des Rois de Firdousi, probablement celui qui porte le titre de تاريخ شمشير خانى.

Elle porte le titre de شاهنامه روستام داستان نينك قصه سى, « Histoires d'après le Shah Namèh de Roustem, fils de Dastan. »

XVIIIe siècle. 332 feuillets. 43 sur 29 centimètres. Grosse écriture nestalik médiocre copiée en Chine. (Schefer, Dj. 53.)

1011.

ابو مسلم نامه. Traduction en turc oriental de l'histoire d'Abou Mouslim.

Elle porte sur la couverture le titre de كتاب امير (sic) هفتادوم ; la souscription donne au contraire le titre indiqué ci-dessus (تمت اكتاب حيضرت (sic) ابو مسلم نامه بو ترور). Le texte est rempli de fautes d'orthographe.

Manuscrit du XIXe siècle, copié dans une ville du Turkestan chinois par le mollah Yoltash Soufi. 199 feuillets de papier de Chine. 33 sur 26 centimètres. Mauvais nestalik cursif. (Schefer, Dj. 54.)

1012.

قصص الانبيا. Histoire des Prophètes, depuis Adam jusqu'à Mahomet, en turc oriental, traduite du persan.

XVIIe siècle. 262 feuillets. 36 sur 26 centimètres. Neskhi copié en Chine. (Schefer, Dj. 55.)

1013.

Fol. 1 v°. نصاب ترکى. Vocabulaire en vers en turc oriental,

composé par le mollah خلا Allahyar Kiptchak Uzbek Atatchi,
frère de Ferhad Atalik, surnommé Miyankali.

Fol. 37 v°. مصدر نامه. Le livre des *masdars* ou noms d'action de la langue arabe, traduit en turc oriental et glosé en
persan, composé par le même prêtre.

Manuscrit daté de 1265 H. (1848 J.-C.). 47 feuillets. 23 sur 16 centimètres. Nestalik. (Schefer, Dj. 56.)

1014.

Vocabulaire turc oriental-persan, spécialement dressé pour
l'étude des verbes, sans nom d'auteur.

XIXe siècle. 41 feuillets de papier grossier du Turkestan chinois. 23 sur
15 centimètres. Nestalik. (Schefer, Dj. 57.)

1015.

Fol. 1 v°. Vocabulaire rimé en turc oriental, expliqué en
persan.

Fol. 25 v°. نصاب ترکی. Vocabulaire turc oriental en vers,
expliqué en persan.

Fol. 55 v°. Dissertation sur la langue djagataï.

XVIIIe siècle. 70 feuillets. 24 sur 15 centimètres. Nestalik de la Transoxiane. Ce volume a appartenu au seyyid Nour ed-Din Mohammed de
Boukhara. (Schefer, Dj. 58.)

1016

Recueil dans lequel on trouve la préface du Livre de l'amour
دیباجه کتاب عشق (en vers) (fol. 5 v°), des prières, un انشا ou
recueil de modèles de correspondance (fol. 17 v°) ; la préface
d'un traité intitulé اسکندر خرد نامه, le نامه امانی صحیفه نهانی
وزیر ou Livre des conseils du vizir d'Alexandre le Grand.

XIXe siècle. 179 feuillets de papier de Chine. 17 sur 11 centimètres.
Nestalik et neskhi chinois médiocres. Reliure en soie. (Schefer, Dj. 59.)

1017.

Prières et formules religieuses en turc oriental, avec extraits du Koran.

XIX⁰ siècle. 107 feuillets. 11 sur 7 centimètres. Nestalik copié en Chine. (Schefer, Dj. 60.)

1018.

جنك. Album de poésies en persan et en turc oriental, d'Abou 'l-Hasan, Émir Khosrav Dehlévi, Iraki, Tchali, etc.; orné de dessins chinois.

XIXᵉ siècle. 12 sur 11 centimètres. 21 feuillets de papier de Chine. Nestalik écrit en Chine. (Schefer, Dj. 61.)

1019.

Recueil de pièces religieuses.

Fol. 1 vᵒ. Prières et invocations.

Fol. 21 vᵒ. سورة يس. La sourate *Ya-sin* du Koran.

Fol. 38 vᵒ. Un traité d'ascétisme intitulé مولود نامه.

Fol. 75 vᵒ. Le مناجات حضرت سلطان بايزيد بسطامى. Litanies du célèbre *sheikh* Bayézid-i Bisthami.

Il est raconté dans la préface de ce traité, par un nommé *sheikh* Abou 'l-Hasan Kharrakani, que la lecture de ces litanies procure des avantages inouïs dans l'autre monde.

Fol. 83 rᵒ. سورة يوسف. La sourate de Joseph.

XVIIIᵉ siècle. 108 feuillets. 13 sur 8 centimètres. Neskhi et nestalik. Reliure en maroquin. (Schefer, Dj. 62.)

1020.

تاريخ خلفا. Histoire des prophètes et des quatre khalifes orthodoxes, évidemment traduite ou tout au moins compilée du persan en turc oriental.

XVIe siècle. 154 feuillets. 28 sur 16 centimètres. Nestalik. Reliure en maroquin. (Schefer, Dj. 63.)

1021.

تاريخ آل سلجوق و آل عثمان. Histoire des princes de la dynastie ottomane, par Ayas Pacha, précédée d'un abrégé de l'histoire des Seldjoukides et des souverains du pays de Karaman, jusqu'au milieu du xe siècle de notre ère.

XVIIe siècle. 204 feuillets. 32 sur 22 centimètres. Neskhi. (Schefer, T. 1.)

1022.

تاريخ نخبة التواريخ والاخبار. Histoire générale du monde musulman et surtout de la dynastie ottomane, depuis la naissance de Mahomet jusqu'en 1028 H., par Mohammed ibn Mohammed Edirnévi el-Djennabi.

Cet auteur, qui fut employé de la chancellerie, termina cette chronique en 1028 H., et la présenta à Osman II en 1030; il mourut en 1050. On trouve quelquefois le *Nokhbet el-tevarikh* dédié à Mourad Khan IV (1032-1049 H.).

Manuscrit daté de 1148 H. (1735 J.-C.). 155 feuillets. 32 sur 18 centimètres. Nestalik turc, avec encadrements et frontispice. (Schefer, T. 2.)

1023.

تاريخ عبدى پاشا. Chronique écrite par Abd er-Rahman, surnommé Abdi Pacha.

Elle comprend les événements qui se sont passés en

Turquie depuis 1051 H., jusqu'en 1093 H. ; elle a été dédiée au sultan Abou 'l-Fath Sultan Mohammed IV, fils d'Ibrahim. — Il existe un ouvrage de ce même titre qui est un abrégé de l'حسن المحاضرة de Djélal ed-Din Abd er-Rahman el-Soyouti.

Manuscrit daté de 1112 H. (1700 J.-C.). 141 feuillets. 32 sur 20 centimètres. Nestalik. (Schefer, T. 3.)

1024.

تاريخ امرا قراباغ. Histoire des princes du pays de Karabagh, par Mirza Djémal Kalèh bégi Mohammed Khan beg Oghlou Djouvanshir, qui fut gratifié du titre de *mirza*, par les princes Ibrahim et Mehdi Kouli Khan.

Manuscrit daté de 1222 H. (1815 J.-C.). 73 feuillets. 32 sur 21 centimètres. Nestalik persan. (Schefer, T. 4.)

1025.

سفار نامه. Récit de l'ambassade de Moustafa Rassikh Effendi à la cour de Russie auprès de la tsarine Catherine II, en 1207 H. (1792 J.-C.).

XIXe siècle. 88 feuillets. 30 sur 17 centimètres. Neshki turc, avec encadrements et frontispices. (Schefer, T. 5.)

1026.

صورت مكاتب. Recueil de documents diplomatiques relatifs au traité de Passarowitz, avec une table des matières qui donne le détail et l'analyse de toutes les pièces.

Manuscrit de luxe daté de 1131 H. (1718 J.-C.). 94 feuillets. 30 sur 18 centimètres. Beau nestalik, avec frontispices et encadrements. Exemplaire ayant appartenu au sultan Ahmed III. (Schefer, T. 6.)

1027.

Mémoire sur l'expédition de Bonaparte en Égypte, et la révolte de Pasvän Oghlou, avec des documents politiques, géo·
graphiques et commerciaux sur l'Anatolie, le pays de Roum,
la Moldavie et les îles de l'Archipel.

XIXᵉ siècle. 394 feuillets. 33 sur 19 centimètres. Rikaa. (Schefer, T. 7.)

1028.

كنه الاخبار. Histoire générale du monde depuis les origines
jusqu'aux premières années du xiᵉ siècle de l'hégire, par Mustafa ibn Ahmed Ali (1008 H.).

Cette chronique, qui a coûté six ans de travail à l'auteur.
est divisée en quatre *rokn*, dont le dernier traite de l'histoire de la dynastie osmanlie jusqu'au règne de Mohammed
Khan, fils de Mourad. L'auteur l'a abrégée en 1007 H.,
sous le titre de فصول حل وعقد اصول خرج ونقد.

XVIIIᵉ siècle. 520 feuillets. 32 sur 18 centimètres. Bon nestalik turc.
(Schefer, T. 8.)

1029.

Histoire du règne du sultan Mahmoud Khan I, fils de
Moustafa II, et des négociations diplomatiques préliminaires
de la paix de Belgrade, par un auteur qui se nomme pas, mais
qui semble avoir fait partie de l'office des affaires étrangères.

XVIIᵉ siècle. 203 feuillets. 29 sur 17 centimètres. Neskhi, avec frontispices et encadrements. Reliure en maroquin estampé. (Schefer, T. 9)

1030.

ديوان مراد. Divan du sultan Mourad, fils de Mohammed III.
Ce sultan avait pris comme *tékhallus* ou surnom poétique

le nom de مرادى. — Il ne faut pas confondre cet ouvrage avec
un recueil de poésies qui porte le même titre et qui est dû à
Mourad el-Asadi.

Manuscrit de luxe. XVIII° siècle. 208 feuillets. 27 sur 17 centimètres.
Neskhi, avec encadrements et frontispices. Reliure en maroquin estampé
et doré. (Schefer, T. 10.)

1031.

بهجة النوارخ. Histoire générale, par Ali Tchélébi, divisée
en treize chapitres.

Elle contient le récit des événements qui se sont passés
depuis la création du monde, jusqu'au règne du sultan osmanli Mourad II, fils de Mohammed I, fils de Bayézid Ildérim,
fils de Mourad I, fils d'Orkhan († 1451).

XVIII° siècle. 186 feuillets. 29 sur 20 centimètres. Divani avec encadrements. (Schefer, T. 11.)

1032.

ديوان روشنى. Recueil des œuvres poétiques du sheïkh Omar
Roushni († 892 H.).

La plupart des pièces traitent du soufisme et des personnages qui se sont distingués dans cette secte philosophique.

Manuscrit copié en 953 H. (1548 J.-C.) par Izz ed-Din Mohammed el-
Hérévi. 127 feuillets. 28 sur 16 centimètres. Nestalik persan. (Schefer,
T. 12.)

1033.

كليات نحيفى. Recueil des œuvres poétiques de Mohammed ibn
Soleïman ibn Abder-Rahman Nahifi, comprenant la traduction
de la *Borda* du sheïkh Bousiri, plusieurs *takhmis* de la même
kasidah, le *takhmis* de la القصيدة المضرية فى تضاعيف صلوات خير

البرية ; une *kasida* intitulée قصيدة المسمات بموعظة النفوس ; un divan avec quelques lacunes : des *tarikh* ou chronogrammes et des *terdjibends*. L'auteur vivait sous le règne du sultan Soleïman ibn Ibrahim († 1691 J.-C.).

Manuscrit copié en 1155 H. (1742 J.-C.) par un nommé Moustafa Kaïl. 210 feuillets. 29 sur 22 centimètres. Talik, avec encadrements et frontispices. Reliure en maroquin. (Schefer, T. 13.)

1034.

تاريخ آل عثمان. Histoire de l'empire ottoman depuis Shah Sultan Soleïman Khan II, jusqu'à la mort de Sultan Mourad Khan IV (1049 H.).

Le nom de l'auteur n'est point donné dans cet exemplaire; le premier chapitre est intitulé جمال سلطنت و غزووات سليمان

.روزكار ابو النصر و الجهاد سلطان سليمان خان نامدار

XVIIIe siècle. 284 feuillets. 31 sur 19 centimètres. Neskhi, avec encadrements et frontispices. Reliure en maroquin brun doré. (Schefer, T. 14.)

1035.

Recueil de poésies composées à la louange du sultan Ahmed Khan I, par Abdi, Abou Yémin, Ahmed Pacha, Ali Efendi, Asad Efendi, Aziz Efendi, Azri, Boulbouli, Dai Efendi, Derbani, Ghani Zadèh Efendi, Haléti, Hasili, Hoseïn Efendi, Hoseïn Khalifa, Imam Khodavendkar, Kémal Efendi, le *mufti* et *sheikh el-islam* Mohammed Efendi, Mohammed Fénari, Nadéri Efendi, Nizami, Obeïd Efendi, Oulvi, Pertévi, Sheïkhi, Zehni.

Manuscrit de grand luxe écrit en 1021 H. (1617 J.-C.). 82 feuillets. 32 sur 22 centimètres. Beau neskhi, avec encadrements et frontispice. Reliure en maroquin estampé et doré. Cet exemplaire a appartenu à Mohammed Pacha Zadèh (Schefer, T. 15.)

1036.

ترجمهٔ شرح رسالة ابن زيدون. Traduction en turc osmanli du

commentaire de la Risalèh d'Ibn Zeïdoun, exécutée pour le grand vizir Damad Ibrahim Pacha, gendre du sultan Moham-med, par Saïd Mohammed Djélil Efendi Zadèh.

XVIIᵉ siècle. 187 feuillets. 27 sur 16 centimètres. Talik, avec encadrements et frontispices. Reliure en maroquin estampé et doré. Cet exemplaire a fait partie de la bibliothèque du Sérail. (Schefer, T. 16.)

1037-1039.

Histoire des deux villes saintes, La Mecque et Médine, traduite de l'arabe en langue turque par le derviche Eshki Moustafa ibn Omar el-Kélisi عشقى مصطفى بن عمر الكليسى.

XIXᵉ siècle. 3 volumes. 286, 460, 259 feuillets. 27 sur 18 centimètres. Neskhi, avec encadrements et frontispices. Reliure en maroquin. (Schefer, T. 17, 17 *bis* et 17 *ter*.)

1040.

Relation de l'ambassade de Shahidi Osman Efendi à la cour de Saint-Pétersbourg portant comme titre : بوندن اشبو تبريك

جلوس همايون ايله دولت روسيه جانبنه مامورًا راهى اولان خواجكان ديوانيدن شهدى عثمان افندى

Cette ambassade fut envoyée en l'année 1171 de l'hégire (1757 J.-C.) par le sultan Abd el-Hamid I à la tsarine Catherine II Aléxiewna.

XVIIIᵉ siècle. 50 feuillets. 32 sur 16 centimètres. Neskhi, avec encadrements. (Schefer, T. 18.)

1041.

تاريخ عبد الله رضوان پاشا زاده. Histoire générale depuis les origines de la dynastie pishdadienne jusqu'en 1050 H., par Abd Allah Rizwan Pacha Zadèh qui avait pris le *tékhallus* de Abdi.

Cet ouvrage dédié au sultan Ibrahim Khan fut composé aux environs de l'année 1056 H. On trouve à la fin de cet exemplaire des tableaux chronologiques des gouverneurs de l'Égypte, des Khalifes Omeyyades, Abbasides et Fatimites, des Ayyoubites, des Mamlouks et des Osmanlis.

XVII⁰ siècle. 116 feuillets. 29 sur 17 centimètres. Neskhi, avec encadrements et frontispice. Reliure en maroquin. (Schefer, T. 19.)

1042.

Statistique de l'île de Chypre, avec un recueil de documents administratifs relatifs à cette dépendance de l'empire ottoman ; table des matières en tête du volume.

XVIII⁰ siècle. 24 feuillets. 27 sur 19 centimètres. Rikaa. Reliure en maroquin. (Schefer, T. 20.)

1043.

تاريخ عبد الله رضوان پاشا زاده. Même histoire que le nº 1041, continuée, sous le titre de ذيل تاريخ قره چلبي زاده عبد العزيز افندى, par Kara Tchélébi Zadèh Abd el-Aziz Efendi (fol. 120 rº) jusqu'en l'année 1065 H.

Les tableaux chronologiques qui accompagnent cette histoire se trouvent au commencement du volume.

XVIII⁰ siècle. 197 feuillets. 27 sur 17 centimètres. Neskhi. Reliure en maroquin. (Schefer, T. 21.)

1044.

دوحة مشايخ كبار. Histoire des *Sheikh el-Islam* de l'empire ottoman, par le *Sheikh el-Islam* Saad ed-Din Soleïman Amin Allah Abd el-Rahman Moustakim Zadèh.

Cet ouvrage, qui a été composé en 1157 H., comprend les biographies de ces personnages depuis Shems ed-Din Mohammed ibn Hamza ibn Mohammed el-Ansari (834 H.), jusqu'à celle de Moustafa Efendi. Il est suivi de plusieurs appendices dont l'un est intitulé ذيل مستقيم زاده, par Soleïman Efendi, et d'un autre, par Mohammed Mounib Aïntabadi. Le dernier *Sheikh el-Islam* cité est Sadik Zadèh Ahmed Reshid Efendi (1202 H.). On trouve à la fin du volume trois pièces traitant du même sujet.

XIXᵉ siècle. 106 feuillets. 29 sur 16 centimètres. Beau talik, avec encadrements et frontispices. (Schefer, T. 22.)

1045.

وقايع نامه سور همايون. Récit des fêtes qui furent célébrées lors de la circoncision des fils du sultan Mohammed et du mariage de Khadidjèh Sultane, fille du même souverain, par Abdi Efendi, secrétaire de Yousouf Agha, grand eunuque.

XVIIᵉ siècle. 67 feuillets. 28 sur 19 centimètres. Beau neskhi, avec frontispices et encadrements. Reliure en maroquin. (Schefer, T. 23.)

1046.

كتاب تواريخ سلاطين آل عثمان. Précis de l'histoire de la dynastie osmanlie depuis l'avènement d'Orkhan jusqu'en l'année 953 H. (1546 J.-C.); sans nom d'auteur.

Manuscrit copié en 1029 H. (1620 J.-C.). 66 feuillets. 27 sur 17 centimètres. Neskhi. Reliure en maroquin. (Schefer, T. 24.)

1047.

تاريخ آل عثمان. Histoire de l'empire turc depuis ses origines jusqu'à Sultan Bayézid Khan II, fils de Sultan Mohammed Khan; dédiée à ce dernier prince.

Manuscrit daté de 992 H. (1584 J.-C.). 148 feuillets. 27 sur 16 centimètres. Neskhi, avec encadrements et frontispices. Reliure en maroquin doré. (Schefer, T. 25.)

1048.

وقفية. Copie des titres de propriété et des actes de *vakf* éta-

blis par le vizir Ibrahim Pacha pour fonder un couvent à Edir-
nëh (Andrinople) dans le quartier de Firouzagha ; les firmans
signés de Sultan Mourad sont datés de 1001 H. (1593 J.-C.).

XVIIIᵉ siècle. 40 feuillets. 27 sur 15 centimètres. Divani, avec encadrements et frontispices. Reliure en maroquin estampé. (Schefer, T. 26.)

1049.

تاريخ سلطان محمّد خان فاتح الاسلامبول. Histoire du sultan Mohammed Khan II et de la conquête de Constantinople, en
prose mélangée de vers.

XVIIᵉ siècle. 56 feuillets. 28 sur 16 centimètres. Neskhi, avec encadrements. Reliure en maroquin. (Schefer, T. 27.)

1050.

ذيل شقايق نعمانية فى علما شقايق النعمانية. Supplément au
الدولة العثمانية, par Névi Zadëh Ata Allah Efendi, renferman
la biographie des savants de l'empire ottoman sous les
règnes des empereurs osmanlis Sélim II, Mourad III, Mohammed III, Ahmed I, Osman II, Moustafa I et Mourad IV
(voir les nᵒˢ 936, 2157-2162 du fonds arabe).

L'original arabe a été continué par Abd el-Kadir Efendi surnommé Yelandjek et par le kadi Ashik Tchélébi († 1640).

XVIIIᵉ siècle. 271 feuillets. 29 sur 17 centimètres. Neskhi, avec encadrements. Reliure maroquin. (Schefer, T. 28.)

1051.

تاريخ آل عثمان. Histoire de la dynastie ottomane depuis
850 H. (1446 J.-C.) jusqu'à l'avènement du sultan Mohammed
Khan II.

XVIIIᵉ siècle. 280 feuillets. 31 sur 20 centimètres. Neskhi tendant au
nestalik, avec encadrements et frontispices. Reliure en maroquin estampé
et doré. (Schefer, T. 29.)

1052.

ترجمهٔ نفحات الانس. Traduction en turc, par Mahmoud ibn Osman ibn Ali el-Lami, du célèbre traité de mysticisme écrit par Nour ed-Din Abd er-Rahman Djami, et intitulé :

نفحات الانس فى حضرت القدس.

Manuscrit daté de 986 H. (1579 J.-C.). 287 feuillets. 26 sur 17 centimètres. Neskhi, avec encadrements et frontispices. Reliure en maroquin estampé et doré. (Schefer, T. 30.)

1053.

تاريخ جزايرلى حسن پاشا. Histoire de Djézaïrlu Osman Pacha, dédiée au sultan Abd el-Hamid Khan I; elle est suivie (fol. 194 v°) de la copie d'un firman intitulé : مرحوم سلطان سليمان غازى

خان غازى بالى بيكه كوندرديكى امر شريف عالى شانكك صورتيدر

كه خالا بودم خزينه سنده مسطور و مقيد در

XIX⁰ siècle. 200 feuillets. 26 sur 18 centimètres. Neskhi, avec encadrements et frontispice. Reliure en maroquin estampé et doré. (Schefer, T. 31.)

1054.

ميزان الحق. Traité de calligraphie en vers, par Ibn el-Selaf, avec des tableaux représentant les proportions des différentes lettres de l'alphabet arabe.

Manuscrit daté de 1157 H. (1744 J.-C.). 17 feuillets. 29 sur 20 centimètres. Neskhi et nestalik, avec encadrements et frontispices. Reliure en maroquin rouge estampé et doré. (Schefer, T. 32.)

1055.

فراست نامه. Traité de physiognonomie de Fanari Mohammed Efendi contenant cinq peintures. Cet ouvrage est dédié au sultan Mourad III, fils de Sélim II, fils de Soleïman Khan II.

XVII siècle. 62 feuillets. 28 sur 19 centimètres. Neskhi, avec encadrements et frontispices. Reliure en maroquin estampé et doré. (Schefer, T. 33.)

1056.

تاريخ امير سلطان. Histoire d'Emir Sultan, par Hossami.

Manuscrit copié en 1158 H. (1745 J.-C.) par Mohammed ibn Soleïman. 135 feuillets. 27 sur 15 centimètres. Neskhi, avec encadrements et frontispices. Reliure en maroquin estampé et doré. (Schefer, T. 34.)

1057.

Recueil de pièces diplomatiques et de lettres impériales.

XVIIIe siècle. 29 feuillets. 27 sur 14 centimètres. Reliure en maroquin estampé et doré. (Schefer, T. 35.)

1058.

Recueil de lettres de sultans et de diverses pièces, parmi lesquelles on remarque : une lettre écrite en 1033 H. au roi de Perse par Sultan Mourad et rédigée par Mohammed Efendi ; un décret élevant Mourad Pacha au commandement d'une armée ; une lettre du sultan Ahmed Khan à Ali Pacha, etc.

XVIIe et XVIIIe siècles. 95 feuillets. 27 sur 17 centimètres. Neskhi et talik. Reliure en maroquin. (Schefer, T. 36.)

1059.

شقايق النعمانية, حدايق الحقايق فى تكملة الشقايق. Appendice aux même ouvrage que le n° 1050.

XVIII siècle. 462 feuillets. 27 sur 17 centimètres. Nestalik, avec encadrements et frontispices. Reliure en maroquin estampé et doré. (Schefer, T. 37.)

1060.

تاريخ دولت عثمانيه. Histoire de l'empire ottoman au cours des années 971-1008 H. (1563-1599 J.-C.). Également connue sous le nom de تاريخ هجره نبويه, cette chronique, qui est très détaillée, ne porte pas de nom d'auteur.

XVII* siècle. 446 feuillets 27 sur 15 centimètres. Talik, avec encadrements et frontispices. Reliure en maroquin estampé et doré. (Schefer, T. 38.)

1061.

تاريخ منتخب للفهم اقرب. Histoire abrégée des Prophètes, des khalifes et des sultans Mamlouks d'Égypte, ainsi que de la dynastie osmanlie, jusqu'à la fin du règne du sultan Soleïman Khan II.

Elle est suivie (fol. 110 r°) de l'histoire des anciens rois de Perse et d'Égypte ; cette dernière partie porte le titre spécial de تواريخ شاهان پیشین وملوك متقدمین. Le chronique est dédiée au sultan Soleïman II.

XVIIe siècle. 120 feuillets. 26 sur 16 centimètres. Neskhi, avec encadrements. Reliure en maroquin. (Schefer, T. 39.)

1062.

تاريخ آل عثمان. Histoire de la révolution provoquée à Constantinople par les yamaks et les janissaires, de la déposition de Sultan Sélim Khan III, de la marche de Moustafa Baïraktar sur Constantinople et de la mort de Sultan Sélim. On trouve dans cet opuscule la copie de plusieurs pièces diplomatiques.

XIXe siècle. 41 feuillets. 25 sur 17 centimètres. Neskhi. Reliure en maroquin. (Schefer, T. 40.)

1063.

عجايب ردوسی زاده. Traité de cosmographie, mythique analogue à l'ouvrage bien connu de Kazvini, l'*Adjaib el-Makhloukat* et portant souvent le même titre : عجايب المخلوقات وغرايب

الموجودات, par Rodosi Zadèh, dédié au sultan Abou'l-Fath Ghazi Mohammed Khan, fils d'Ibrahim Khan. — Cet exemplaire est orné de plusieurs miniatures.

Manuscrit daté de 1076 H. (1665 J.-C.), copié par un nommé Ismaïl ibn Ahmed ibn el-Mourtida. 166 feuillets. 25 sur 17 centimètres. Divani turc. Reliure en maroquin estampé et doré. (Schefer, T. 41.)

1064.

Traité du protocole en usage dans les cérémonies de la Porte ottomane.

Manuscrit daté de 1183 H. (1769 J.-C.). 80 feuillets. 23 sur 18 centimètres. Rikaa. (Schefer, T. 42.)

1065.

Traité du cérémonial en vigueur à la cour du Sultan le jour de la fête du Prophète, du départ du *Kisvèh* et du *Surrèh* pour La Mecque, de la rupture فطر du jeûne du Ramazan, et lors de la réception des ambassadeurs des souverains de la Chrétienté.

Manuscrit daté de 1219 H. (1804 J.-C.). 51 feuillets. 23 sur 17 centimètres. Rikaa. Reliure en maroquin. Cet exemplaire a appartenu à Arif bey, grand maître des cérémonies de la Porte ottomane. (Schefer, T. 43.)

1066.

انيس الملوك. Traité de géographie et d'histoire traduit par Abd er-Rahman ibn Moustafa Balakoushi († 983 H.), de l'ouvrage persan bien connu de Beïdhavi, intitulé نظام التواريخ avec les additions du زوايد المفيده.

XVIIᵉ siècle. 152 feuillets. 24 sur 15 centimètres. Divani. (Schefer, T. 44.)

1067.

Explication cabalistique de la prière علم الجفر, par Ibn Isa ibn Medjd ed-Din el-Akhisari (965 H.).

XVIIe siècle. 62 feuillets. 25 sur 14 centimètres. Neskhi, avec encadrements et frontispices. Reliure en maroquin estampé et doré. (Schefer, T. 45.)

1068.

تاريخ قريم. Histoire de la guerre de Crimée en 1183 H. (1769 J.-C), par Féiz Allah Lutfi Efendi.

XIXe siècle. 60 feuillets. 22 sur 15 centimètres. Neskhi. (Schefer, T. 46.)

1069.

مرآت العشّاق, « Le Miroir des amants », par Omar ibn Mohammed, plus connu sous le nom de Karakash Zadèh.

Cet ouvrage est dédié au sultan Mourad, fils de Sultan Ahmed ; il est divisé en quatre *bab*, précédées d'une longue préface et suivies d'une conclusion (*khatima*).

XVIIe siècle. 281 feuillets. 24 sur 14 centimètres. Nestalik, avec frontispice et encadrements. (Schefer, T. 47.)

1070.

Fol. 1 v°. ديوان راغب. Recueil des poésies de Raghib, rangées suivant l'ordre alphabétique de la dernière lettre de chaque vers.

Fol. 61 v°. Recueil de lettres et de pièces diplomatiques.

XVIIIe siècle. Le premier de ces ouvrages est daté de 1192 (1778 J.-C.). 218 feuillets de papier de couleur. 25 sur 16 centimètres. Nestalik, avec encadrements et frontispice. Reliure en maroquin estampé et doré. (Schefer, T. 48.)

1071.

تاريخ مومن زاده. Histoire de Moumin Zadèh.

Cet ouvrage a été composé en l'année 1106 de l'hégire
(1695 J.-C.), sous le règne du sultan Moustafa Khan, fils de
Mohammed Khan, qui est nommé (fol. 14 v°) عين الدولة والدّين
.معين الملة والمسلمين

XVIIe siècle. 41 feuillets. 26 sur 18 centimètres. Rikaa. (Schefer, T. 49.)

1072.

تذكرة الشعرا. Biographie des poètes rédigée par un anonyme
sur le modèle du Béharistan de Nour ed-Din Djami.

L'auteur s'est également inspiré du Tezkèrèh de Daulet
Shah, et de celui de Mir Ali Shir.

Cet ouvrage, qui fut composé sous le règne du sultan Soleïman II, est divisé en huit chapitres.

XIXe siècle. 102 feuillets. 25 sur 16 centimètres. Neskhi. (Schefer,
T. 50.)

1073.

تاريخ وقايع دولة السلطان محمود خان. Histoire du règne du sultan ottoman Mahmoud Khan II, de 1230 à 1238 H. (1814-
1822 J.-C.).

Manuscrit du XIXe siècle, copié sur l'autographe, qui appartenait au
kadi de Constantinople, par Soleïman Efendi. 58 feuillets. 23 sur 15 centimètres. Talik. Reliure en maroquin. (Schefer, T. 51.)

1074.

Récit des événements qui se sont passés en Égypte depuis
le moment où le général Menou capitula, jusqu'au jour où les
troupes anglaises évacuèrent le pays.

XIXe siècle. 23 feuillets. 24 sur 15 centimètres. Nestalik. (Schefer,
T. 52.)

1075.

تاريخ آل عثمان. Histoire de la dynastie osmanlie de 1135 à 1142 H. (1722-1729 J.-C.), par Ismaïl Asim Efendi Kutshuk Tchélébi Zadèh.

XVIIe siècle. 266 feuillets. 25 sur 15 centimètres. Talik, avec encadrements et frontispices. (Schefer, T. 53.)

1076.

سلسله النور. Poésies en l'honneur de plusieurs *sheikhs* et autres individus connus par la pureté de leurs mœurs du xe au xie siècle H. et particulièrement du *seyyid* Nour ed-Din Efendi.

Manuscrit copié en 1190 H. (1776 J.-C.) par Dervish Mohammed ibn Mourad Kaïmzadèh. 11 feuillets. 25 sur 15 centimètres. Neskhi, avec encadrements et frontispices. Reliure en maroquin rouge. (Schefer, T. 54.)

1077.

مشاهير الشعرا. Biographie des poètes turcs, par Seyyid Mohammed ibn Ali Ashik Tchélébi, plus connue sous le nom de تذكرة الشعرا, ou « Mémorial des Poètes ».

Manuscrit copié en 983 H. (1575 J.-C.) par le copiste du précédent manuscrit, le derviche Mohammed ibn Mourad. 287 feuillets. 24 sur 15 centimètres. Neskhi, avec encadrements et frontispices. Reliure en maroquin estampé et doré. (Schefer, T. 55.)

1078.

اختسار الحديقة الملوك. Résumé de l'histoire de la dynastie osmanlie depuis les origines jusqu'à la fin du règne du sultan Ahmed Khan III, par Seyyid Hasib Efendi.

Manuscrit copié en 1232 H. (1816 J.-C.). 23 feuillets de papier de Chine. 22 sur 13 centimètres. Talik. (Schefer, T. 56.)

1079.

ديوان على جلبي. Recueil des œuvres poétiques d'Ali Tchélébi, plus connu sous le nom de Vasi Alisi.

Cet auteur, qui fut professeur à Brousse, à Andrinople et à Constantinople, et kadi de Brousse, mourut en 950 H. (1543 J.-C.); il a traduit en langue turque sous le nom de همايون نامه, « Livre impérial », le انوار سهيلى ou Fables de Bidpaï.

XVIIIᵉ siècle. 90 feuillets. 23 sur 14 centimètres. Nestalik, avec encadrements et frontispices. Reliure en maroquin. (Schefer, T. 57.)

1080.

Fragment de la traduction turque des Prolégomènes historiques مقدمة فى التاريخ d'Ibn Khaldoun.

Manuscrit daté de 1253 H. (1837 J.-C.). 259 feuillets. 23 sur 17 centimètres. Neskhi. (Schefer, T. 58.)

1081.

تاريخ مكة مكرّمه مع مدينه منوّره. Histoire de La Mecque et de Médine, par Mohammed Ashik Hanéfi, divisée en dix chapitres; avec quinze peintures représentant la Kaaba et les différents lieux du pèlerinage.

Manuscrit copié en 1026 H. (1617 J.-C.). 208 feuillets. 25 sur 14 centimètres. Talik. Reliure en maroquin rouge. (Schefer, T. 59.)

1082.

سفينه الروسا. Biographie des ministres des Affaires étrangères de l'empire osmanli, par Soleïman Fatik.

Cet ouvrage, qui porte également le nom de حليقه الروسا, a été composé en 1119 H. (1707 J.-C.).

XIXᵉ siècle. 48 feuillets. 25 sur 15 centimètres. Rikaa. (Schefer, T. 60.)

1083.

لغت ابوشقا. Dictionnaire turc oriental expliqué en turc

osmanli, spécialement composé pour faciliter la lecture des
œuvres de Mir Ali Shir Névaï (voir le n° 963).

XIXe siècle. 64 feuillets. 27 sur 17 centimètres. Neskhi. Reliure en maroquin. (Schefer, T. 61.)

1084.

روضله جوامع وزوايا. Description des mosquées de Constantinople, avec la liste des édifices religieux construits et répa-
rés jusqu'en 1205 H. (1790 J.-C.).

XVIIIe siècle. 198 feuillets. 24 sur 16 centimètres. Rikaa. (Schefer,
T. 63.)

1085.

روضة الابرار. Histoire générale depuis la création jusqu'au
règne du sultan Ibrahim Khan I († 1649 J.-C.), par Abd el-
Aziz Efendi ibn Hosam ed-Din, surnommé Kara Tchélébi
Zadèh.

L'auteur fut nommé en 1036 H. kadi de La Mecque et
en 1043 H. kadi de Constantinople. Le sultan Mourad IV
l'exila en 1044 à Chypre; l'année suivante il occupa les fonctions de kadi asker, puis de mufti; il mourut en 1068 H.
(1657 J.-C.). — Cet ouvrage fut dédié au sultan Ibrahim Khan I
en 1058 H. (1648 J.-C.); il est divisé en quatre chapitres et la
partie la plus importante est celle qui traite de l'histoire des
sultans de la dynastie osmanlie.

XVIIIe siècle. 214 feuillets. 29 sur 17 centimètres. Divani. Reliure en maroquin. (Schefer, T. 64.)

1086.

الجى حكايه الحاج احمد افندى رسمى. Journal de l'ambassade de
Hadji Ahmed Rasmi Efendi à Berlin en 1188 H. (1774 J.-C.),
sous le règne du roi de Prusse Frédéric II; on y trouve la
description de l'Allemagne.

XVIIIe siècle. 26 feuillets. 25 sur 15 centimètres. Neskhi, avec frontispice. (Schefer, T. 65.)

1087.

كلدسته رياض عرفان وفيات دانشوران و بادره دان . Biographie
des savants, sultans, sheikhs de l'empire ottoman, par le
seyyid Ismaïl ibn Seyyid Ismaïl, connu sous le nom de
Shahin Emirzadèh et de Baligh-i Boursévi.

Cet ouvrage fut composé en l'année 1127 H. (1715 J.-C.).

Manuscrit copié en 1154 H. (1741 J.-C.) par le seyyid Lutf-Allah, fils de
seyyid Sheikh Mohammed, connu sous le nom de Kasim-Zadèh. 167 feuillets. 29 sur 14 centimètres. Neskhi, avec encadrements et frontispices.
(Schefer, T. 66.)

1088.

حديقة السعدا . Histoire des martyrs de la famille de Mahomet, par Mohammed ibn Soleïman Fouzouli.

L'auteur, né à Hillèh, passa la plus grande partie de sa vie
à Bagdad et mourut en 970 H. Cet ouvrage, qui fut écrit à la
demande de Mohammed Pacha, gouverneur de Bagdad, est
divisé comme le *Rauzet el-Shuheda* en dix chapitres suivis
d'une conclusion (*khatimèh*).

Manuscrit de grand luxe orné de belles miniatures. XVI⁰ siècle. 275
feuillets. 29 sur 17 centimètres. Nestalik, avec frontispices et encadrements. Reliure dorée. (Schefer, T. 67.)

1089.

جواهر التواريخ . Histoire des victoires remportées par le
grand vizir Kupruli Zadèh Ahmed Pacha, écrite par son secrétaire Hasan Aga.

Kupruli Zadèh fut vizir du sultan Mohammed IV de 1072
à 1087 H. (1661-1676 J.-C.).

Cet ouvrage est divisé en cinq chapitres avec une conclusion, dans laquelle on trouve le récit du siège de Candie.

XVIII⁰ siècle. 184 feuillets. 28 sur 16 centimètres. Rikaa, avec encadrements. (Schefer, T. 68.)

1090.

تذكرة اسرار دده. Biographie des poètes et particulièrement de ceux qui faisaient partie de l'ordre des derviches Maulévis, par Esrar Dédèh.

Cet ouvrage est disposé suivant l'ordre alphabétique.

Manuscrit copié en 1224 H. (1809 J.-C.). 150 feuillets. 23 sur 14 centimètres. Neskhi, avec encadrements. Reliure en maroquin. (Schefer, T. 69.)

1091.

كتاب فضايل الشام. Traité de l'excellence de Damas et de la Syrie, traduit de l'arabe, par Mohammed Asousini.

Cet ouvrage est divisé en six chapitres.

XVIIIᵉ siècle. 110 feuillets. 21 sur 15 centimètres. Neskhi. Reliure en maroquin. (Schefer, T. 70.)

1092.

اصف نامه. Traité d'administration composé pour le sultan Soleïman I, par Lutfi Pacha. — On trouve à la suite le tableau des fonctionnaires de l'empire turc, par Ali Efendi qui composa cet opuscule en l'année 1018 (1609 J.-C.).

XVIIᵉ siècle. 16 feuillets. 21 sur 14 centimètres. Neskhi. Reliure en maroquin. (Schefer, T. 71.)

1093.

ظفر نامه. Livre de la Victoire; traduction en turc des sentences attribuées à Bouzourdjmihir qui les composa pour Khosroès Anoushirvan; elles étaient primitivement écrites en pehlvi.

XIXᵉ siècle. 7 feuillets. 19 sur 11 centimètres. Talik. Reliure en soie verte. (Schefer, T. 72.)

1094.

مقالهٔ محاصرهٔ قارص ســـنه ١١٥٧. Relation du siège de Kars en
1157 H. (1744 J.-C.), sous le règne du sultan Mahmoud
Khan I.

XVIII⁰ siècle. 36 feuillets. 20 sur 15 centimètres. Talik. (Schefer, T. 73.)

1095.

Histoire des rois Séfévis de Perse et des Afghans, depuis leur
origine jusqu'à Mir Mahmoud, écrite d'après les sources persanes, en particulier d'après le تاريخ عالم اراى عباسى.

Cet ouvrage a été composé, comme l'indique la préface, sur
le désir du sultan Ahmed Khan III, en 1140 H. (1727 J.-C.).

Manuscrit daté de 1193 H. (1779 J.-C.). 166 feuillets. 19 sur 15 centimètres. Neskhi, avec encadrements. (Schefer, T. 74.)

1096.

Le même ouvrage que le n° 1101, fol. 10 v°.

XVIII⁰ siècle. 58 feuillets. 22 sur 14 centimètres. Neskhi, avec encadrements. Reliure en maroquin doré. (Schefer, T. 75.)

1097.

دوحة المشايخ الكبار. Biographie des Sheïkhs el-Islam jusqu'en
1173 H. (1859 J.-C.), par Saad ed-Din Soleïman Amin Allah
er-Rahman ibn Mohammed, surnommé Moustakim Zadèh
ou Moustakim Efendi Zadèh. — Cet ouvrage fut composé en
1157 H. (1744 J.-C.).

XVIII⁰ siècle. 84 feuillets. 20 sur 13 centimètres. Reliure en maroquin.
(Schefer, T. 76.)

1098.

تاريخ مصر. Histoire de l'Égypte sous la domination turque,

composée par Abd el-Kérim Efendi, secrétaire du Ministère des Finances كاتب بيت المال, pour Hadji Mohammed Pacha, gouverneur de l'Égypte en 1010 H. (1601 J.-C.).

On trouve dans cet ouvrage l'histoire des gouverneurs qui ont été nommés par les sultans de Constantinople depuis la conquête jusqu'à Hadji Mohammed.

XVIII° siècle. 120 feuillets. 21 sur 13 centimètres. Neshki, avec encadrements. Reliures en maroquin. (Schefer, T. 77.)

1099.

تذكرهٔ درویشان اصحاب حال فرخنده مال طريقه لطيفه مولويه. Biographie de soixante-dix-sept derviches extatiques de l'ordre des Maulévis.

XVIII° siècle. 149 feuillets. 21 sur 13 centimètres. Nestalik, avec encadrements et frontispice. (Schefer, T. 78.)

1100.

ذيل تاريخ افغان. Appendice à l'histoire des Afghans, depuis la mort de Nader Shah.

On lit à la fin une notice biographique sur Nader Shah.

XVIII° siècle. 106 feuillets. 20 sur 15 centimètres. Talik. Reliure en cuir de Russie. (Schefer, T. 79.)

1101.

Fol. 1 v°. قوس نامه صلاح وسلاح. Traité d'art militaire, par Abd Allah Efendi, katib de la mosquée de la Sultane Validèh.

Fol. 10 v°. تذكرهٔ رمات. Traité technique de tir à l'arc et histoire des archers célèbres, par le même Abd Allah Efendi. — Cet ouvrage est divisé en huit *babs*.

XVIII° siècle. 83 feuillets. 21 sur 14 centimètres. Neskhi. Reliure en maroquin. (Schefer, T. 80.)

1102.

شفيق نامه. Histoire de la révolte des Janissaires et de la déposition du sultan Moustafa Khan II (1115 H., 1703 J.-C.),
par Mohammed Shéfik Efendi, plus connu sous le nom de
Masref-Zadèh.

Cet ouvrage, qui est divisé en neuf *makalah*, est écrit dans
un style incompréhensible et est souvent accompagné d'un
commentaire.

XVIII⁰ siècle. 86 feuillets. 20 sur 13 centimètres. Talik. Reliure en maroquin. Manuscrit provenant du Sérail. (Schefer, T. 81.)

1103.

يوسف و زليخا. Traduction libre en vers mesnévis de l'histoire
de Yousouf et Zuleïkha, écrite par Djami, par Hamd Allah, fils
du célèbre sheïkh Akshems ed-Din, surnommé Hamdi, en 897
H. (1492 J.-C.).

L'auteur vécut sous le règne du sultan Bayezid II à qui il
dédia ce poème, mais n'en ayant pas obtenu la récompense
qu'il désirait, il effaça le nom de ce souverain de la préface.
Il mourut en 909 H. Il a écrit en outre une *Histoire de Leïla
et Medjnoun*, le *Mauloud-i Nebi* et le *Kiyafet Namèh*.

XVII⁰ siècle. 247 feuillets. 21 sur 13 centimètres. Talik, avec encadrements et frontispice. Copié par le derviche Mohammed Ikhlati. Reliure
en maroquin. (Schefer, T. 82.)

1104.

فصول حلّ و عقد اصول خرج نقد. Histoire de l'avènement et
de la chute des dynasties orientales, par Ali Moustafa ibn
Ahmed.

Ce n'est qu'un extrait de la Chronique générale intitulée
كنه الاخبار, fait en 1007 H.; il est divisé en trente-deux chapitres. Il porte également le titre de فصول حل وعقد اصول خرج
و نقد

XIXe siècle. 169 feuillets. 21 sur 14 centimètres. Reliure en maroquin. (Schefer, 83.)

1105.

Mémoire politique composé par le mollah Abd Allah Tatardjik Zadèh, pour le sultan Sélim III, fils de Sultan Moustafa III († 1808 J.-C.).

XVIIIe siècle. 45 feuillets. 20 sur 15 centimètres. Rikaa. Reliure en maroquin. (Schefer, T. 84.)

1106.

Histoire abrégée des dynasties légendaires de la Perse.

XIXe siècle. 10 feuillets. 21 sur 14 centimètres. Rikaa. (Schefer, T. 85.)

1107.

Ouvrage biographique sur les savants de l'empire turc depuis l'origine de la dynastie osmanlie jusqu'au xve siècle.

Manuscrit daté de 986 H. (1578 J.-C.). 154 feuillets. 21 sur 15 centimètres. Neskhi. (Schefer. T. 86.)

1108.

Récit des événements qui ont signalé le cours de l'année 1063 H. (1652 J.-C.), le sultan Mahomet IV étant alors régnant.

XIXe siècle. 13 feuillets. 19 sur 11 centimètres. Nestalik. (Schefer, T. 87.)

1109.

فتح نامه قمنيچه. Histoire de la conquête de la ville de Kaméniecz (Podolie) par le grand vizir Ahmed Kupruli Pacha (en 1083 H.), par Yousouf Efendi, originaire d'Édesse, surnommé Nabi et qui passait pour le plus grand poète de son temps († 1124 H.).

XVIIIᵉ siècle. 32 feuillets. 22 sur 14 centimètres. Nestalik. (Schefer,
T. 88.)

1110.

Histoire des principaux archers, avec la distance à laquelle
ils lançaient leurs flèches, par Seyyid Khalil. — Cet ouvrage,
divisé en quarante-six chapitres, est dédié au sultan Ahmed
Khan, fils de Mohammed Khan.

L'auteur indique parmi ses sources un traité du même
genre de Bakhtiyar Zadèh Hasan Tchélébi intitulé تحفة
الحسيب, la Chronique d'Ali Efendi, nommée كنه الاخبار et le
تذكره الرماة d'Abd Allah Efendi. Ces indications ne permet-
tent pas de déterminer s'il s'agit d'Ahmed I, fils de Mohammed III († 1617), ou d'Ahmed III, fils de Mohammed IV
(† 1703), car la Chronique d'Ali Efendi fut terminée en 1600
ou en 1599, et Ahmed I monta sur le trône en 1603 (voir
nᵒ 1101).

Manuscrit copié en 1233 H. (1817 J.-C.) par Hafiz Ahmed Izzet Agha,
employé au trésor du Sultan. 47 feuillets. 21 sur 13 centimètres. Talik,
avec encadrements et frontispices. Reliure en maroquin. (Schefer, T. 89.

1111.

تحقيق التوفيق. Histoire des négociations qui eurent lieu
entre la Sublime Porte et le roi de Perse Nader Shah.

XVIIIᵉ siècle. 107 feuillets. 21 sur 13 centimètres. Neskhi, avec encadrements. Reliure en maroquin estampée et dorée. (Schefer, T. 90.)

1112.

Traité de politique anonyme, divisé en neuf chapitres.

XVIIIᵉ siècle. 653 feuillets. 21 sur 13 centimètres. Neskhi, avec encadrements. Reliure en maroquin. (Schefer, T. 91.)

1113.

Récit abrégé des événements qui ont signalé la fin du règne

du sultan Sélim III et le commencement du règne du sultan
Moustafa IV.

XVIIIe siècle. 36 feuillets. 21 sur 14 centimètres. Neskhi. Reliure en
soie. (Schefer, T. 92.)

1114.

Fol. 1 v°. تحفة كمان كشان. Traité de tir à l'arc, écrit par le
sheïkh Vahid ibn Abd el-Djélil de Bokhara qui demeurait à
Karahissar, pour le compte du sultan Mahmoud Khan II, fils
du sultan Abd el-Hamid, en 1233 (1817 J.-C.).

Ce traité est divisé en sept chapitres ; les autorités d'Abd
el-Djelil sont l'imam Tabari, Soyouti et Sharadj i-Bokhari.

Fol. 28 v°. Traité de tir à l'arc, par le même auteur (?), divisé
en cinq chapitres.

XIXe siècle. 34 feuillets. 20 sur 13 centimètres. Talik, avec encadrements et frontispices. Reliure en maroquin. (Schefer, T. 93.)

1115.

Fol. 2 v°. اربعين. Les Quarante Traditions attribuées à Mohammed, traduites et commentées en prose, par Tahib Efendi.
— Cet ouvrage a été dédié, comme l'indique la préface, au sultan Ahmed Khan I, fils du sultan Mohammed Khan III (1603-
1617) (ou Ahmed III, fils de Mohammed IV, † 1703)·

Fol. 22 v°. من آت الصفا. Abrégé en prose traitant de l'histoire et de la condition des Prophètes, par Abd el-Aziz Kara
Tchélébi Zadèh, qui le composa dans les environs de l'année
1048 H. (1678 J.-C.) et qui le dédia au sultan Mourad
Khan IV.

Manuscrit daté de 1120 H. (1708 J.-C.). 118 feuillets. Talik, avec encadrements. Reliure en maroquin estampé et doré. (Schefer, T. 94.)

1116.

كلبن خانان. Histoire des Khans, ou souverains tartares de la

Crimée jusqu'au règne de Bakht Giraï Ghan, par Halim Giraï
Khan, fils de Shahbaz Giraï Khan. — Bakht Giraï Khan
mourut à Mitylène en 1801 J.-C.

XVIII⁰ siècle. 60 feuillets. 20 sur 12 centimètres. Talik, avec encadrements. Reliure en maroquin. (Schefer, T. 95.)

1117.

تاريخ لارى. Histoire générale du monde depuis les origines
jusqu'à la fin de la dynastie Séfévie.

XVIII⁰ siècle. 485 feuillets. 21 sur 15 centimères. Nestalik, avec encadrements et frontispices. Reliure en maroquin. (Schefer, T. 96.)

1118.

رسالة تاجيه. Petit traité sur les coutumes des mystiques, par
Moustakim Zadèh. — Cet auteur est postérieur à Petchévi qui
écrivit sa chronique en 1052 H. (1642 J.-C.).

La dernière date qui se trouve citée dans la *Risalèh-i Ta-
djièh* est 1172 H. (1758 J.-C.).

XIX⁰ siècle. 15 feuillets. 21 sur 13 centimètres. Nestalik. (Schefer,
T. 97.)

1119.

اربعين. Poème sur les « Quarante Traditions » attribuées à
Mahomet, composé en 1212 H. (1797 J.-C.).

Manuscrit copié en 1235 H. (1820 J.-C.), par le *seyyid* Mohammed Emin
el-Silahi. 97 feuillets. 21 sur 13 centimètres. Neskhi, avec encadrements
et frontispices. Reliure en maroquin. (Schefer, T. 98.)

1120.

Fol. 1 v⁰. Traité, incomplet du commencement, en persan,
sur les sectes hétérodoxes de l'Islamisme, précédée d'une
introduction dans laquelle se trouve exposée l'histoire de
Mahomet et celle du Khalifat.

Fol. 72 v°. Le سياست الملوك. Traité de gouvernement en persan ; une note indique que ce n'est pas le célèbre traité du même titre de Nizam el-Moulk.

XVIIIᵉ siècle. 118 feuillets. 20 sur 15 centimètres. Divani. (Schefer, T. 99.)

1121.

عقد المنظوم فى ذكر افاضل الروم. Supplément, par le molla Ali Bali Zadèh Tchamnak († 992 H.), à l'histoire des savants écrite en arabe sous le titre de شقايق النعمانـية فى علما الدولة العثمانـية , par Isam ad-Din Ahmed ibn Mouslih ed-Din Moustafa Tashkeupruzadèh († 968). — L'original arabe a été traduit en turc par Ibrahim ibn Ahmed Amasi ; cet auteur fut assesseur de Maula Mohammed Arab Zadèh qui avait été nommé kadi du Caire et qui périt dans un naufrage en allant rejoindre son poste. Il fut ensuite professeur à Amasia et à Sunia, puis kadi d'Amasia.

Manuscrit copié en 1010 H. (1601 J.-C.) par Mohammed ibn Hadjdj Lutf Allah. 134 feuillets. 21 sur 11 centimètres. Nestalik, avec encadrements et frontispice. Reliure en maroquin estampé et doré. (Schefer, T. 100.)

1122.

تذكرة الشعرا. Biographie des poètes turcs, par Abd ul-Latif, dont le surnom poétique (*takhallus*) était Latifi, et qui était originaire de la ville de Kastamouni († 990 H.). — Cet ouvrage fut écrit en 953 H., à la prière d'un de ses amis qui l'engagea à faire pour les poètes turcs ce que Djami avait fait pour les auteurs persans dans le *Béharistan*. — On trouve les biographies des poètes depuis le règne de Sultan Mourad Khan-Ghazi.

Manuscrit copié en 969 H. (1561 J.-C.) par le derviche Namourad et

par conséquent contemporain de l'auteur. 136 feuillets. 21 sur 14 centimètres. Talik, avec encadrements. (Schefer, T. 101.)

1123.

Recueil de pièces diplomatiques, historiques et d'administration intérieure, relatives au règne du sultan ottoman
Sélim III, fils de Moustafa Khan († 1803 J.-C.).

XIXᵉ siècle. 125 feuillets. 25 sur 15 centimètres. Rikaa. (Schefer, T. 102.)

1124.

غزا نامه چهرين. Récit de la prise de la ville de Tchehrin,
écrit en vers par Vasléti Bey, sous le règne du sultan Mohammed IV, fils du sultan Ibrahim (1648-1691 J.-C.).

On trouve également à la suite une *kasida* de Vasléti Bey
et différents chronogrammes par le même auteur.

Manuscrit copié en 1266 H. (1849 J.-C.) par el-Hadji Siri Khorasani.
99 feuillets. 23 sur 15 centimètres. Nestalik. (Schefer, T. 103.)

1125.

تاريخ وزرا. Histoire anecdotique des vizirs, par Hannalzadèh
Hasan Tchélébi, plus connue sous le nom de وزارت نامه.

XVIIᵉ siècle. 81 feuillets. 21 sur 13 centimètres. Nestalik. Reliure en
maroquin estampé et doré. (Schefer, T. 104.)

1126.

رساله رصد نامه فى تاليف مولانا تقى الدين. Traité d'astronomie
de Taki ed-Din, avec des figures.

Suivant une notice écrite au recto du premier feuillet,
الات الرصادية لزيج الشهنشاية, ces dessins sont empruntés aux
« Tables impériales ». Cet ouvrage a été composé pour le
douzième sultan de la dynastie d'Osman, Mourad III, fils de
Sélim II, fils de Soleïman.

XVIIe siècle. 15 feuillets. 21 sur 12 centimètres. Nestalik, avec encadrements et frontispice. Reliure en maroquin estampé et doré. (Schefer, T. 105.)

1127.

حكايت غزيت سفر قندية براى وزير اعظم كوپرولى. Journal du siège de Candie, par le grand vizir Ahmed Kuprulu Pacha.

XVIIIe siècle. 62 feuillets. 20 sur 15 centimètres. Divani. (Schefer, T. 106.)

1128.

تاريخ وقعه جزيره ساقز ١٢٣٧. Récit des événements qui se passèrent dans l'île de Chio en 1827.

XIXe siècle. 33 feuillets. 23 sur 14 centimètres. Rikaa, avec frontispices et encadrements. Reliure en soie bleue. (Schefer, T. 107.)

1129.

تاريخ ملوك آل عثمان. Abrégé d'histoire de la dynastie ottomane depuis ses origines jusqu'au règne du sultan Mahmoud Khan Ier, fils de Moustafa Khan, sans nom d'auteur.

XVIIIe siècle. 58 feuillets. 22 sur 14 centimètres. Talik, avec frontispices. Reliure en maroquin estampé et doré. (Schefer, T. 108.)

1130.

ختاى نامه. Description de la Chine, traduite du persan en turc, sous le règne du sultan Mourad Khan III, fils de Sélim II, fils de Soleïman, par Hézarfenn Hoseïn Efendi.

L'ouvrage original porte le titre de قانون نامه; c'est l'une des autorités de Yakout et d'Aboulféda.

XIXe siècle. 148 feuillets. 19 sur 12 centimètres. Talik. Reliure en maroquin noir. (Schefer, T. 109.)

1131.

تاريخ رمضان زاده. Abrégé d'histoire générale depuis les origines du monde jusqu'à la fin du règne de Sultan Soleïman II,
fils de Sélim, par Mohammed Tauki, plus connu sous le nom
de Ramazanzadèh, ou de Mohammed Nishandji.

Cette chronique, qui fut écrite sur l'ordre de Soleïman, est
également connue sous le nom de تاريخ نشانجى. L'auteur, qu'on
nomme souvent Kutchuk Nishandji pour le distinguer de Djé-
lalzadèh Moustafa Kodja Nishandji, mourut en 979 H. (1571
J.-C.).

Manuscrit copié en 1090 H. (1679 J.-C.), pour Hasan Pacha. 108 feuillets. 20 sur 15 centimètres. Talik, avec encadrements. Reliure orientale
en maroquin. (Schefer, T. 110.)

1132.

Fol. 1 v° ميزان الحق فى اختيار الاحقّ. Traité de discussion
rationa liste de l'Islamisme, par Mustafa ibn Abd Allah, surnommé Hadji Khalifah, ou Katib Tchélébi. — Cet ouvrage,
qui fut terminé en 1067 H., est divisé en vingt et un chapitres
et une conclusion.

Fol. 51 r°. تحفة الكبار فى اسفار البحار. Histoire des expéditions
maritimes des Ottomans, par le même auteur.

Manuscrit daté de 1138 H. (1725 J.-C.). 178 feuillets. 21 sur 13 centimètres. Bon nestalik, avec encadrements. Reliure en maroquin brun.
(Schefer, T. 111.)

1133.

Fol. 1 v°. رساله ملوكيه. Traité sur les qualités que doit réunir
un souverain, par Taki ed-Din Mohammed ibn Pir Ali el-Ber-
kévi ou Berkéli, comme le nomme Hadji Khalfa.

Cet ouvrage, divisé en trois chapitres, est dédié au sultan
Sélim II, fils du sultan Soleïman († 1574 J.-C.). Perkévi est
plus connu par son testament intitulé وسية بركوى; il mourut
en 981 H. (1573 J.-C.).

Fol. 9 v°. Commentaire en turc osmanli sur le اصول الحكم فى نظام العالم : « Traité de l'organisation du monde », écrit en arabe par Hasan Kafi el-Bosnévi Akhisari († 1004 H.; 1595 J.-C.). — Dans la préface du commentaire qui est anonyme, il est parlé de Mohammed Khan, fils de Mourad III, fils de Sélim II, fils de Soleïman II, comme du sultan régnant. L'ouvrage arabe avait été composé en 1004 H.

Fol. 29 v°. Traité d'administration de l'empire ottoman, avec des tableaux des fonctionnaires donnant leur nombre. Sans titre ni nom d'auteur, cet ouvrage semble, d'après la préface, avoir été composé peu de temps après la mort de Sultan Soleïman Khan II dont il est dit اسكنه الله فى عرف الجنان.

XVIII° siècle. 51 feuillets. 21 sur 14 centimètres. Nestalik, avec encadrements et frontispices. Reliure en soie blanche. (Schefer, T. 112.)

1134.

Fol. 1 v°. نصرة نامه. Le Livre de la victoire; histoire de la conquête du Gourdjistan, sous le règne du sultan Mourad, par Lala Moustafa Pacha, en 986 H. (1578 J.-C.), écrit par Ali Tchélébi de Gallipoli, qui fut attaché pendant cette campagne en qualité de secrétaire au général ottoman.

Fol. 79 r°. اصف نامه. Livre d'Asef du grand vizir Loutfi Pacha.

XVIII° siècle. 86 feuillets. 21 sur 13 centimètres. Neskhi. Reliure en maroquin brun. (Schefer, T. 113.)

1135.

Fol. 1 v°. Négociations qui ont abouti au traité des Dardanelles (1224 H.; 1809 J.-C.).

Fol. 27 r°. بيوك پترو نام روسيه ايمپراطور ينك پوليتيقه يه داير وصيتنامه سيدر. Traduction du prétendu testament politique du tsar Pierre Ier Alexiewitch.

XIX⁰ siècle. 30 feuillets. 21 sur 13 centimètres. Nestalik. Reliure en maroquin brun. (Schefer, T. 114.)

1136.

كتاب تواريخ پادشاهان ولايت هند و سند و خطاى و ختن و دره و
درواز و كشمير و ولايت عجم و كاشغر و قلماق و چين وماجين. Histoire de l'Inde, de la Chine, du Turkestan et des peuples turcs,
par Seïfi Tchélébi († 990 H.).

XIX⁰ siècle. 29 feuillets. 22 sur 14 centimètres. Talik, avec encadrements
et frontispices. Reliure en maroquin et en soie violets. (Schefer, T. 115.

1137.

الدر الثمين فى بيان اثار السلاطين المتشرفين بخدمة بيت الله الحرام
ومدينة سيد المرسلين. Énumération des dons faits à la mosquée
de La Mecque et à la mosquée de Médine, par les princes musulmans, depuis les khalifes orthodoxes jusqu'aux sultans de
la dynastie osmanlie, par Yousouf, *khatib* de la mosquée de La
Mecque; avec un plan de la Kaaba.

Elle s'arrête en 1119 H. (1707 J.-C.) et le sultan Ahmed,
fils de Mohammed, fils d'Ibrahim, est indiqué comme le souverain régnant. — Cet ouvrage, qui est divisé en sept chapitres, a été composé en 1120 H. (1708 J.-C.).

Manuscrit daté de 1121 H. (1709 J.-C.). 119 feuillets. 20 sur 15 centimètres. Neskhi. Reliure en papier. (Schefer, T. 116.)

1138.

Histoire anonyme du sultan Mourad I⁰ʳ, sans préface.

XVIII⁰ siècle. 84 feuillets. 21 sur 13 centimètres. Talik, avec encadrements et frontispice. Reliure en maroquin brun estampé. (Schefer, T. 117.)

1139.

Fol. 3 v⁰. شاه و گدا. Le Roi et le Mendiant, par Yahya beg,

écrit en vers sur le mètre du *Heft Peïker* de Nizami.

L'auteur, l'un des plus grands poètes de la littérature osmanlie, appartenait à une famille albanaise dont les chefs étaient beys de Doukagin; il servit dans la milice des Janissaires et obtint ensuite la charge d'inspecteur des *vakfs* des sultans de Constantinople. Roustem Pacha, qu'il avait offensé dans ses vers, le fit exiler dans le sandjak de Zvornik en Bosnie; il mourut vers 983 H., laissant une *Khamsèh* et un *Divan*.

Fol. 84. Poésies d'Ishaki.

Fol. 84 v°. Poésies de Mésihi († 918).

XVIIIe siècle. 94 feuillets. 18 sur 12 centimètres. Talik, avec encadrements et frontispices. Reliure en maroquin brun estampé et doré. (Schefer, T. 118.)

1140.

مراد نامه. Relation de l'expédition conduite par le sultan Mourad Khan V contre Bagdad, par Abd el-Aziz Efendi Tchélébi Zadèh.

XVIIIe siècle. 49 feuillets. 23 sur 13 centimètres. Talik, avec encadrements et frontispices. (Schefer, T. 119.)

1141.

تاريخ حسن پاشا. Histoire de Hasan Pacha (règne de Moustafa III), par Mahmoud Thabit Efendi.

XVIIIe siècle. 121 feuillets. 23 sur 15 centimètres. Neskhi. Reliure en maroquin estampé et doré. (Schefer, T. 120.)

1142.

Relation des derniers événements du règne du sultan Osman Khan et de sa mort, par Yahya Efendi, kazi asker de Roumili.

XVIIIe siècle. 59 feuillets. 22 sur 15 centimètres. Talik, avec encadrements. Reliure en maroquin estampé et doré. (Schefer, T. 121.)

1143.

سليم نامه. Histoire du sultan Sélim Khan II, par Abd el-Aziz
Effendi Kara Tchélébi Zadèh.

XIX⁰ siècle. 151 feuillets. 22 sur 13 centimètres. Talik, avec encadrements. Reliure en maroquin estampé. (Schefer, T. 122.)

1144.

تاريخ دل آرا. Histoire en vers de l'empire osmanli, depuis les
origines jusqu'au règne de Sultan Mourad III, à qui elle est
dédiée, par Shemsi Pacha († 988 H.).

A la suite se trouvent quelques pièces de vers sans importance.

XVIII⁰ siècle. 114 feuillets. 20 sur 13 centimètres. Neskhi, avec encadrements et frontispices. Reliure en maroquin brun estampé et doré. (Schefer, T. 123.)

1145.

تذكرة الشعرا. Biographies des poètes, par Hasan Tchélébi
ibn Ali ibn Amr Allah Kinali Zadèh.

L'auteur naquit en 953 H. à Brousse, où son père exerçait
la fonction de professeur ; il se livra également au professorat,
et mourut kadi de Rosette en 1012. — Son Tezkèreh passe
pour le meilleur qui ait été composé en langue turque ; il est
dédié à l'historien Khadjèh Efendi, précepteur du sultan Mourad Khan III.

Manuscrit copié en 1043 H. (1633 J.-C.) par Mohammed Efendi, kadi de
l'île d'Andros. 262 feuillets. 24 sur 14 centimètres. Talik, avec encadrements et frontispices. Reliure en maroquin brun estampé et doré. (Schefer, T. 124.)

1146.

باب نامه. Traité d'érotisme, sans nom d'auteur, divisé en
trente chapitres (bab).

XVII⁰ siècle. 301 feuillets. 22 sur 16 centimètres. Neskhi, copié à Constantinople par Abd el-Baki ibn Ali el-Bakai. Reliure en maroquin brun et
en soie. (Schefer, T. 125.)

1147.

تذكرة الشعرا. Biographie des poètes, par Latifi.

XVIIᵉ siècle. 170 feuillets. 18 sur 11 centimètres. Nestalik à encadrement. Reliure maroquin estampé et doré. (Schefer, T. 126.)

1148.

مرآة الممالك. Récit du voyage de Sidi Ali Réis Katib Roumi dans l'Inde et en Asie centrale, sous le règne du sultan Soleïman II, fils de Sélim (voir n° 1168).

Manuscrit daté de 970 H. (1563 J.-C.). 90 feuillets. 18 sur 11 centimètres. Neskhi, avec encadrements et frontispice. Reliure en maroquin noir. (Schefer, T. 127.)

1149.

Fol. 1 v°. تقويم التواريخ. Tables chronologiques, par Moustafa ibn Abd Allah Katib Tchélébi, surnommé Hadji Khalifa, composées en 1058 H.

Fol. 85 r°. Liste des Aghas des Janissaires, depuis le règne de Sultan Soleïman Khan II jusqu'en 1131 H., suivie de celle des gouverneurs de l'Égypte depuis la conquête jusqu'en 1129 H.

Fol. 87 v°. شهنامه آل عثمان. Histoire en vers des sultans ottomans jusqu'à Mohammed Khan IV, fils d'Ibrahim.

Fol. 90 v°. ميزان الحقّ فى اختيار الاحقّ. Traité de controverse, par Hadji Khalifa.

Fol. 123 v°. الالهام المقدس من الفيض الاقدس. Traité de controverse, par le même auteur.

XVIIIᵉ siècle. 131 feuillets. 22 sur 12 centimètres. Talik. Reliure en maroquin noir estampé et doré. (Schefer, T. 128.)

1150.

ترجمه مقادر اجرام وابعاد سماويات و ارضى. Traduction, par

Moustafa Zéki el-Istambouli, d'un traité de géographie et d'astronomie écrit en persan par Ghyas ed-Din Djemshid el-Kashi.

Ghyas el-Din a écrit un traité d'astronomie pour le sultan Djélal ed-Din Emirzadèh Iskender Béhadour Shah, il fut ensuite employé à Samarkand par le sultan Ouloug Beg Mirza, fils de Shah Rokh, pour lequel il fit en 823 H. de nombreuses observations qui furent consignées dans les Tables d'Ouloug Beg. — Cette traduction est dédiée au célèbre grand vizir Ibrahim Pacha.

Manuscrit daté de 1142 H. (1729 J.-C.). 20 feuillets de papier de Chine. 20 sur 12 centimètres. Neskhi, avec encadrements et frontispice. Reliure en maroquin brun estampé et doré. (Schefer, T. 129.)

1151.

Fol. 3 v°. Une kasida à la louange de Mahomet, par Khéïli.

Fol. 7 v°. ساقی نامه. Poème mystique, par le Sheïkh el-Islam Yahya Efendi. — Cet auteur, fils du grand mufti Zakaria Efendi († 1001 H.), exerça les fonctions de Sheïkh el-Islam de 1031 à 1053 H., époque de sa mort. Il fut le favori du sultan Mourad IV qu'il accompagna dans ses expéditions contre Érivan et Bagdad.

Fol. 11 v°. ديوانچهٔ حضرت شيخ الاسلام و مفتی الانام يحيی افندی. Recueil des œuvres poétiques du même Yahya Efendi.

XVIIIᵉ siècle. 84 feuillets. 21 sur 12 centimètres. Talik, avec encadrements. Reliure en maroquin brun estampé et doré. (Schefer, T. 130.)

1152.

فصول حل نقد واصول خرج نقد. Histoire des dynasties orientales, par Ali-Mustafa ibn Ahmed.

Manuscrit daté de 1170 H. (1756 J.-C.). 131 feuillets. 20 sur 13 centimètres. Neskhi, avec encadrements et frontispice. Reliure en maroquin brun estampé et doré. (Schefer, T. 131.)

1153.

فتح ردس. Récit de la conquête de Rhodes par les Turcs,
sous le règne de Soleïman Khan II.

XVIIe siècle. 81 feuillets. 18 sur 12 centimètres. Talik, avec encadrements. Reliure en maroquin vert estampé et doré. (Schefer, T. 132.)

1154.

مناقب محمود باشا عتيق. Panégyrique anonyme divisé en dix
sections du célèbre grand vizir Mahmoud Pacha ibn Kassab,
surnommé el-atik « l'ancien », pour le distinguer de Mahmoud
Pacha Tériaki.
Ce grand vizir fut mis à mort en 879 H. (1474 J.-C.).

Manuscrit copié au XVIIIe siècle, par Mostafa Faiz ibn el-Hadjdj Ahmed. 32 feuillets. 19 sur 13 centimètres. Neskhi. Reliure en cuir brun.
(Schefer, T. 133.)

1155.

تفاولات كفرى. Recueil de biographies et d'anecdotes dédié
au sultan Mahomet III, fils de Mourad, fils de Sélim, fils de
Soleïman.

Manuscrit daté de 1013 H. (1604 J.-C.). 136 feuillets. Talik, avec encadrements et frontispices. Reliure en maroquin brun estampé et doré.
(Schefer, T. 134.)

1156.

تذكرة الخطّاطين. Notices biographiques sur les calligraphes
persans et turcs, par un anonyme.

Manuscrit copié en 1189 il. (1775 J.-C.). 58 feuillets. 18 sur 12 centimètres. Neskhi. Reliure en carton. (Schefer, T. 135.)

1157.

Recueil de pièces diplomatiques et historiques relatives aux relations de l'empire ottoman avec la Crimée et la Russie.

XIXᵉ siècle. 194 feuillets. 18 sur 12 centimètres. Talik. Reliure en cuir brun. (Schefer, T. 136.)

1158.

Fol. 1 vº. ظفر نامه. Dialogues entre le roi sassanide de Perse Khosrav Anoushirvan et son vizir Abouzourdjmihir, contenant des préceptes de morale et de gouvernement.

Fol. 7 vº. پند و نصيحت نامه. Livre de préceptes moraux.

XIXᵉ siècle. 20 feuillets. 18 sur 11 centimètres. Neskhi. Reliure en maroquin rouge. (Schefer, T. 137.)

1159.

مناقب العُلما. Traduction en turc, par Mohammed Sinan ed-Din Yousouf († 989 H. ; 1581 J.-C.), du شقايق النعمانية فى علما الدولة العثمانية de Isam ed-Din Ahmed ibn Muslih ed-Din Moustafa Tashkeupruzadèh.

Manuscrit copié en 1004 H. (1596 J.-C.) par un nommé Mohammed ibn Soleïman. 247 feuillets. 20 sur 11 centimètres. Talik, avec encadrements et frontispices. Reliure en maroquin brun estampé et doré. (Schefer, T. 138.)

1160.

Traité de calligraphie sans titre et anonyme, dédié au sultan Mourad IV, fils d'Ahmed.

Manuscrit daté de 1130 J.-C. (1718 J.-C.). 34 feuillets. 20 sur 11 centimètres. Neskhi. Reliure en maroquin brun. (Schefer, T. 139.)

1161.

كتاب لغة فرشته. Vocabulaire versifié arabe-turc, par Abd el-

Latif ibn Abd el-Aziz, surnommé ibn el-Mélik, et plus connu sous le nom de Férishta Oghlou, l'un des grands oulémas du règne du sultan Bayézid II. — Il mourut à une date un peu antérieure à l'année 879 H.

XVIIe siècle. 27 feuillets. 20 sur 13 centimètres. Neskhi. Reliure en papier. (Schefer, T. 140.)

1162.

مناقب هنروران. Biographie des calligraphes, peintres et enlumineurs, par Mustafa Ali Tchélébi Defterdar.

XVIIIe siècle. 90 feuillets. 20 sur 11 centimètres. Neskhi, avec encadrements. Reliure en maroquin noir estampé et doré. (Schefer, T. 141.)

1163.

ديوان سلطان جم. Recueil des poésies de Djem Sultan (Zizim), frère de Sultan Bayézid II, et fils de Mahomet II.

XVIe siècle. 101 feuillets. 17 sur 11 centimètres. Talik. Reliure en papier. (Schefer, T. 142.)

1164.

روضة الاوليا. Biographie des habitants de Brousse célèbres par leurs vertus, par un nommé Sheïkh Mohammed.

XVIIIe siècle. 157 feuillets. 18 sur 11 centimètres. Neskhi. Reliure en papier. (Schefer, T. 143.)

1165.

Recueil.

Fol. 1 v°. كتاب موارد الشهدا وقعة سلطان عثمان. Histoire de l'assassinat du sultan Othman Khan.

Fol. 49 v°. رساله ترجمه بزرجمهر حكيم. Traduction d'un traité d'apophtegmes, attribué au célèbre Bouzourdjmihir, vizir de Noushirvan.

Fol. 52 v°. اداب نامه. Traité de soufisme.

Fol. 55 v°. مفتاح جنت. Traité de prescriptions religieuses.

Fol. 60 r°-61 v°. Lettre de Nabi Efendi.

Fol. 66 v°. خواب نامه. Livre du songe.

XVIIIe siècle. 82 feuillets. 18 sur 10 centimètres. Nestalik. Reliure en papier. (Schefer, T. 144.)

1166.

سليم نامه. Histoire du sultan Sélim, conquérant de l'Égypte.

XVIIe siècle. 57 feuillets. 17 sur 18 centimètres. Nestalik. Reliure en papier. (Schefer, T. 145.)

1167.

تذكرة الشعرا. Histoire des poètes, par Kinali Zadèh (voir n° 1145).

XVIIIe siècle. 512 feuillets. 19 sur 12 centimètres. Neskhi. Reliure européenne. (Schefer, T. 146.)

1168.

تاريخ كتاب مرات امالك سيدى على. Récit des voyages en Extrême-Orient du reis et kapoudan Sidi Ali ibn Hoseïn de Galata, surnommé Katibi Roumi (961-964 H.).

A son retour il reçut le titre de mutéferrikah et la charge de secrétaire des timars du Diyarbekr. Cet officier, qui était un astronome distingué, accompagna le sultan dans la campagne de Perse (955 H.) et mourut en 970 H. ; le *Mirat el-Mémalik* est dédié à Sultan Soleïman II, fils de Sultan Sélim.

XVIIIe siècle. 61 feuillets. 20 sur 12 centimètres. Nestalik. Reliure en papier. (Schefer, T. 147.)

1169.

Relation du voyage des ambassadeurs envoyés par le sultan خاقان سعيد Shah Rokh Mirza à l'empereur de Chine, Daï
Ming, traduit du récit qu'en a donné un nommé Ghyas ed-Din
et qu'on retrouve dans le مطلع السعدين ومجمع البحرين de Abd er-
Razzak Samarkandi.

Cette traduction a été faite par Tchélébi Zadèh, par ordre
du grand vizir Damad Ibrahim Pacha, gendre du sultan Ahmed,
à qui elle est dédiée. Hadji Khalifa l'a insérée dans son Traité

de Géographie intitulé جهان نما.

XVIIIᵉ siècle. 44 feuillets. 18 sur 11 centimètres. Nestalik. Reliure
en maroquin vert doré. (Schefer, T. 148.)

1170.

Histoire de la conquête de la Morée par le sultan Bayézid II, fils du sultan Mohammed II, écrite par Seyyid Mohammed Munshi.

XVIIIᵉ siècle. 6 feuillets. 19 sur 12 centimètres. Nestalik. Reliure en maroquin brun. (Schefer, T. 149.)

1171.

Fol. 1 v°. Fragment d'une histoire de la dynastie ottomane,
sous le règne de Sultan Ibrahim Khan Iᵉʳ, consistant surtout
en listes des fonctionnaires du palais et des grands digni-
taires.

Fol. 39 v°. سرحد منصوره دن اولان اوزى قلعه سنك لزومى.
Histoire des forteresses d'Euzu, Teumruk et des citadelles de
Crimée.

XVIIIᵉ siècle. 62 feuillets. 19 sur 12 centimètres. Talik. Reliure en maroquin vert. (Schefer, T. 150.)

1172.

منشآت. Lettres écrites par Ishak Zadèh Zohouri Efendi.

XVIIe siècle. 71 feuillets de papier saupoudré d'or. 18 sur 10 centimètres. Talik, avec encadrements et frontispice. Reliure en laque peinte.
(Schefer, T. 151.)

1173.

شاه و كدا, par Yahya Beg (voir n° 1139).

XVIIe siècle. 84 feuillets. 15 sur 10 centimètres. Neskhi, avec encadrements et frontispice. Reliure en maroquin brun estampé et doré. (Schefer,
T. 152.)

1174.

تاريخ سلطان سليم. Histoire de Sélim Ier, plus généralement
connue sous le nom de اسحق نامه, par Ishak Tchélébi d'Uskub.
L'auteur qui a composé un *Divan* entra dans le clergé et
fut assistant de Kara Bali, puis professeur à Andrinople,
Uskub, Brousse et finalement à Constantinople (937 H.). —
Sa vie crapuleuse le fit révoquer et il obtint par charité la
place de kadi de Damas, où il mourut en 949 H.

XVIIe siècle. 109 feuillets. 16 sur 11 centimètres. Neskhi. Reliure en
maroquin noir estampé. (Schefer, T. 153.)

1175.

Recueil de cinq traités de médecine érotique dont voici les
titres : رساله وجع مفاصل دورك, رساله علل صدرية, fol. 2 v°. —
رساله ضعف باه وموجب حبلى, fol. 31 وعرق النسا, fol. 16 v°. —
رساله ادوية جدوار وانواع بادزهر, fol. 41 v°. — رساله علة مثانة
و عنبر, fol. 47 v°.

Ces différents opuscules sont attribués à Katib Zadèh
Mohammed Réfi Efendi qui les aurait composés pour l'usage
du sultan Moustafa Khan.

XVIIIe siècle. 56 feuillets. 20 sur 11 centimètres. Neskhi, avec encadrement et frontispices. Reliure orientale en maroquin brun estampé
et doré. (Schefer, T. 154.)

1176.

تاريخ آل عثمان. Histoire de la dynastie osmanlie depuis le règne du sultan Soleïman, fils de Sélim, commençant en l'année 926 H. et s'étendant jusqu'en 962 H., suivie de deux appendices dans lesquels on trouve l'histoire des grands officiers et des employés de la couronne.

Manuscrit daté de 1052 H. (1643 J.-C.). 229 feuillets. 21 sur 14 centimètres. Rikaa. Reliure en papier. (Schefer, T. 155.)

1177.

شرف الانسان. Traduction du vingt et unième traité des رسايل اخوان الصفا, par Mahmoud ibn Osman ibn Elias Lami, qui l'écrivit en 933 H., et qui le dédia au sultan Soleïman II, fils de Sélim, fils de Bayézid, fils de Mohammed.

XVII° siècle. 192 feuillets. 20 sur 13 centimètres. Neskhi, avec frontispice. Reliure en papier. (Schefer, T. 156.)

1178.

ديوان باقى. Recueil des œuvres poétiques d'Abd el-Baki, le plus grand poète lyrique de la littérature turque, qui prit le *tékhallus* ou surnom de Baki.

Fils d'un muezzin de Constantinople, il entra dans le clergé et devint professeur dans la capitale; il fut ensuite kadi de La Mecque (984 H.), de Constantinople (992 H.); sadr d'Anatolie (994 H.), puis de Roumélie (1000 H.). Il mourut en 1008 H.; il était né en 933 H.

XVII° siècle. 114 feuillets. 18 sur 12 centimètres. Talik, avec encadrements. Reliure en papier. (Schefer, T. 157.)

1179.

دستور الانشا. Recueil de lettres de sultans et de pièces di-

plomatiques recueillies par Sari Abd Allah Efendi en 1643
J.-C.

Manuscrit copié sur celui du sultan qui le prêta en 1161 H. (1748 J.-C.)
au grand vizir Mohammed Pacha pour le communiquer au *reis el-kouttab*
Hadji Moustafa Efendi. 385 feuillets de papier de Chine. 22 sur 14 centimètres. Neskhi, avec encadrements. Reliure en maroquin brun estampé.
(Schefer, T. 158.)

1180.

Mémoire politique rédigé par Resmi Efendi, après la mort
du sultan Shah Soleïman Khan.

XIXᵉ siècle. 9 feuillets. 21 sur 15 centimètres. Rikaa. Reliure en papier.
(Schefer, T. 159.)

1181.

مولود نامه. Poème, en turc de Crimée, sur la naissance de
Mahomet.

Ce manuscrit fut pris par les troupes françaises après la
bataille de l'Alma.

Manuscrit daté de 1260 H. (1844 J.-C.). 21 feuillets. 22 sur 18 centimètres. (Schefer, T. 160.)

1182.

منتخب تواريخ سلاجقة. Histoire des sultans de la dynastie
Seldjoukide du pays de Roum.

Elle commence par un abrégé de l'histoire des tribus turques telle qu'elle se trouve, à peu près, dans la *Djami el-
Tevarikh* de Rashid ed-Din, avec la descendance d'Oughouz
et les armoiries de ses petits-fils. — Elle se termine avec le
règne du sultan Ghyas ed-Din Kai Khosrev, fils de Kilidj
Arslan, fils de Kai Khosrev, fils de Kai Kobad.

XVIIᵉ siècle. 173 feuillets. 23 sur 14 centimètres. Neskhi. Cartonnage.
(Schefer, T. 161.)

1183.

تاريخ جهان نما. Histoire universelle.

Le présent manuscrit ne contient que la partie qui traite

de l'histoire de l'empire turc jusqu'au règne du sultan Sélim Ier.

XVIIe siècle. 88 feuillets. 31 sur 18 centimètres. Neskhi. Reliure en
carton. (Schefer, T. 162.)

1184.

Récit du voyage du sultan Mahmoud II en Roumélie.

Manuscrit du XIXe siècle portant les corrections autographes de l'auteur. 30 feuillets. 32 sur 20 centimètres. Reliure 30 en velours violet.
(Schefer, T. 163.)

1185.

تاريخ آل سلجوق. Histoire de la dynastie Seldjoukide, écrite
primitivement en persan, par Ibn Bibi et traduite en turc.

Elle commence par un abrégé de l'histoire des tribus
turques et des fils d'Oughouz, et se termine avec le règne du
sultan Izz ed-Din Kaï Kaous, fils de Kaï Khosrev.

Manuscrit daté de 1281 H. (1864 J.-C.). 98 feuillets. 29 sur 18 centimètres. Neskhi. Reliure en taffetas vert. (Schefer, T. 164.)

1186.

غزوات خير الدين باشا. Vie de Kheïr ed-Din Pacha surnommé
Barberousse, et récit de son voyage à Toulon avec l'escadre
ottomane.

Manuscrit daté de 953 H. (1546 J.-C.). 51 feuillets. 25 sur 16 centimètres. Neskhi, avec encadrement. Reliure en maroquin. (Schefer, T. 165.)

1187.

Opuscule sur la prise de Constantinople par Mahomet II,
écrite par l'Imamzadèh Essaad Efendi.

XVIIIe siècle. 10 feuillets. 23 sur 16 centimètres. Nestalik. Reliure en
maroquin. (Schefer, T. 166.)

1188.

انشا. Recueil de lettres, de pièces diplomatiques, de firmans, d'iradèhs et de bouyourouldous.

XVIIIe siècle. 192 feuillets. 19 sur 13 centimètres. Divani écrit obliquement. Reliure européenne en veau. (Schefer, T...)

1189.

Recueil de diverses pièces en turc oriental.

Fol. 1 v°. Traité en prose sur les dogmes de la religion musulmane.

Fol. 45 v°. Recueil de poésies mystiques et de sentences en vers, dont plusieurs sont attribuées au célèbre soufi du Turkestan, Shah Mashrab.

Manuscrit copié dans la Transoxiane, dans la seconde moitié du XIXe siècle, envoyé à M. Schefer par M. Müller, professeur au lycée de Tashkent (1890) et rapporté par M. Bonvalot. 72 feuillets. 20 sur 13 centimètres. Neskhi. (Schefer, T...)

1190.

Histoire de la Transoxiane, depuis le règne de Timour Kourkan jusqu'aux premières années du xie siècle de l'hégire, en persan.

Manuscrit copié dans la Transoxiane vers le milieu du XIXe siècle, envoyé à M. Schefer par M. Müller, professeur au lycée de Tashkent (1890), et rapporté par M. Bonvalot. 190 feuillets. 24 sur 14 centimètres. Gros neskhi. (Schefer, T...)

1191.

Poésies soufies, en turc oriental intitulées حكمت et مناجات de Khadjèh Ahmed Yésévi, qui est appelé سلطان العارفين, suivies d'un certain nombre d'histoires حكايت, probablement du même auteur, dont l'une est celle du célèbre illuminé Shah Mashrab.

Manuscrit copié dans la Transoxiane dans la seconde moitié du XIXe
siècle. 111 feuillets. 25 sur 15 centimètres. Neskhi. (Schefer, T...   )

1192.

Recueil de trois divans en turc osmanli dont les auteurs ne
sont pas indiqués.

XVIIIe siècle.. 116 feuillets. 20 sur 14 centimètres. Nestalik, avec encadrements. (Schefer, T...   )

1193.

Œuvres complètes d'un poète, dont le nom n'est pas indiqué.

XIXe siècle. 172 feuillets. 24 sur 19 centimètres. Neshki. (Schefer,
T...   )

1194.

Fol. 8 v°. Traité en persan sur les prescriptions religieuses
de l'Islamisme.

Fol. 12 v°. Poésies traitant de l'histoire de Mahomet, en
turc oriental.

Fol. 18 r°. Recueil de ⟨حكمت⟩ ou sentences religieuses, en
turc oriental.

Manuscrit copié dans la Transoxiane dans la seconde moitié du
XIXe siècle. 78 feuillets. 251 sur 17 centimètres. Neskhi. (Schefer,
T...   )

TABLE DES TITRES

اكام المرجان فى احكام الجان A. 5864.

اكبر نامه P. 1333.

الكليل فى انساب حمير وايام ملوكها A. 6056, 6057.

النجى حكايه الحاج احمد افندى رسمى T. 1086.

الالى المضية A. 5831.

الالهام المقدس من الفيض الاقدس T. 1149, 5.

الهى نامه P. 1355, 1526.

انيا نجبا الادبا A. 6032.

انس الجليل بتاريخ القدس والخليل A. 5998.

الانساب A. 5874, 5898.

انساب الاشراف A. 6066.

انساب وعلامات A. 5869.

انشا A. 6024, 6064 ; P. 1352, 1353, 1378, 1464 ; T. 1016, 1188.

انشا شيخ ابو الفضل P. 1402.

اموذج فى النحو P. 1405, 1.

انوار سهيلى P. 1334.

انيس العشاق P. 1406, 1.

انيس الملوك T. 1066.

الاوايل A. 5986.

اوغوز نامه T. 1001.

اعجاز و الاعجاز A. 5934, 1.

ب

باعث النفوس الى زيارة القدس المحروس A. 5941.

باه نامه T. 1146.

بختيار نامه P. 1562.

بدايع الازمان فى وقايع كرمان P. 1574.

بدايع الافكار فى صنايع الاشعار P. 1506.

البداية والنهاية A. 6023.

براهين العجم در علم عروص و لغت قواعد شعر P. 1539.

بردة A. 6048, 2 et 3; 6073.

برق اليمانى فى الفتح العثمانى A. 5927.

بغية الطلب فى تاريخ حلب A. 5853.

بغية المستفيد فى اخبار مدينة زبيد A. 5897, 6069.

بلبل نامه P. 1398, 3.

بوستان P. 1431, 1515, 1537.

بهارستان P. 1432, 6, 1521.

بهجة التواريخ P. 1470, 1500; T. 1031.

بهجة الزمن فى تاريخ اليمن A. 5977.

البيان P. 1400.

بيان الاحاديث الموضوعة A. 6084, 10.

بيان الاديان P. 1356, 7.

بيسر نامه P. 1485.

بيوك پترو نام روسيه الامبراطور ينك وصيتنامه T. 1135, 2.

پ

پند نامه P. 1398, 8; T. 1158, 2.

ت

تاج الماثر فى التواريخ P. 1332.

تاريخ اشرف P. 1488, 1.

ندارك انواع الخطا الواقع فى التدبير A. 5966, 1.

تدبيرات الالهية فى اصلاح المملكت الانسانية A. 5917.

نذكّر المشايخ P. 1356, 10.

تذكره اسراردده T. 1090.

تذكرة الاوايل فى اصلاح كتاب الوسايل A. 5931.

تذكرة الاوليا لعطار P. 1381, 1466.

تذكرة الاوليا نركى T. 989.

تذكرة الائمّة والحفّاظ A. 5904.

تذكرة الحفّاظ A. 5904.

تذكرة الخطاطين T. 1556.

تذكرة درويشان اصحاب حال فرخنده حال T. 1099.

تذكرة الرمات T. 1101, 2; 1110.

تذكرة الشعرا T. 1072.

تذكرة الشعرا لحسن جلبى T. 1145, 1167.

تذكرة الشعرا لدولتشاه P. 1423.

تذكرة الشعرا لسام ميرزا P. 1460, 1492.

تذكرة الشعرا لعاشق چلبى T. 1077.

تذكرة الشعرا للطبى T. 1122, 1147.

تذكرة الشعرا العلى شير نواى T. 1003, 1.

تذكرة الشعرا لناصر ابادى P. 1505.

تذكره (sic) اوليا كتاب T. 989.

ترجمة شرح رسالة ابن زيدون T. 1036.

ترجمه نفحات الانس T. 1052.

ترجيع بند P. 1435, 5.

ترجمان المترجم يمنتهى الارب ولغة الترك والعجم رالعرب A. 6043.

تاريخ وقعة جزيرة ساقز P. 1128.

تاريخ هجرة نبوية T. 1060.

تاريخ الهند P. 1484.

تاريخ اليمن A. 5832, 1.

تاريخ اليمنى A. 5878.

تاريخ لارى T. 1117.

تبصرة الخزاين P. 1556, 2.

تجارب الامم وعواقب الهم A. 5838.

تجارب السلف P. 1552.

تحسين الطوية بحسن النية A. 6084, 15.

تحفة الاحرار P. 1369, 1416.

تحفة الاريب فى الردّ على اهل الصليب A. 6051, 6052.

تحفة الاصحاب و نزهة ذوى الالباب A. 5984.

تحفة الامم فى تاريخ الوزرا A. 5901.

تحفة الانام فى فضايل الشام A. 5993.

تحفة البدايع P. 1363.

تحفة الحساب T. 1110.

تحفة ذوى الالباب فى من حكم بدمشق من الخلفا والملوك والنواب A. 5827.

تحفة الصبيان P. 1536, 2.

تحفة العالم P. 1379.

تحفة العجايب و طرقة الغرايب A. 5863.

تحفة العروس و متعة النفوس A. 5887, 5889.

تحفة الفلاح A. 6020, 2.

تحفة الكبار فى اسفار البحار T. 1132, 2.

تحفة كمان كشاى T. 1114.

تحفة تحفبق التوفيق T. 1111.

تخميس البردة A 6048, 2.

راحة الصدور ورواية السرور .P. 1314

رباعيات افضل .P. 1415, 2

رباعيات بابا طاهر لورى .P. 1542

رباعيات خيام .P. 1417, 3, 1458, 1481

ربيع الابرار ونصوص الاخبار .A. 5985

رسالة الادب فى رجب .A. 6084, 13

رسالة ادوية جدوار و انواع بادزهر .T. 1175

رسالة استخراج مولود .P. 1488, 5

رسالة ان افعال الله تعالى ليست معللة بالاغراض .A. 6084, 12

رسالة الانتصار لقدوة الاخيار .A. 5933, 1

رسالة ناجيه .T. 1118

رسالة ترجمه بزرجمهر حكيم .T. 1165, 2

رسالة تمه قرائت .P. 1488, 3

رسالة جين و ماجين .P. 1354

رسالة حاتميه .P. 1407

رسالة خط .A. 6053

رسالة خوان خليل .P. 1399, 2

رسالة الدخان .A. 6048, 18

رسالة در بيان كتابت .P. 1512

رسالة در تصنيع سطرلاب .P. 1474

رسالة در علم خط .P. 1396, 2

رسالة در معرفت بارى .P. 1356, 8

رسالة در هيلاجات وكدخداه و عطيه عمر .P. 1488, 4

رسالة راحت الانسان .P. 1397

رسالة رصد نامه فى تاليف مولانا تقى الدين

رسالة ضعف باه عنه مثانة .T. 1175

ديوان مغربى .P. 1525

ديوان مير حسن دهلوى .P. 1469, 2

ديوان مير حسين .P. 1446

ديوان مير خسرو دهلوى .P. 1469, 1

ديوان مير شاهى .P. 1417, 1

ديوان مير على شير نواى .T. 991, 994, 997

ديوان النابغة الذبيانى .A. 5883, 2

ديوان ناصر الدين بخارى .P. 1469, 3

ديوان ناظرى .P. 1532, 1

ديوان همام الدين تبريزى .P. 1531

ديوانچه حضرت شيخ الاسلام يحيى افندى .T. 1151, 3

ذ

ذخيره الملوك .P. 1420

ذكر سيرة العرب .A. 5833, 2

ذكر فيه ما باقليم مصر من البلدان وعبرة كل بلدة .A. 5965

ذكر مدينة صنعا .A. 5824

ذيل تاريخ افغان .T. 1100

ذيل تاريخ مدينة السلام بغداد .A. 5921, 5922

ذيل التحفة .P. 1379

ذيل شقائق النعمانية .T. 1050

ذيل على الروضتين .A. 5852

ر

راحة الانسان .P. 1325

شرف الانسان ‏T. 1177.

شرف نامه ‏P. 1406, 2.

شرف نامه ‏P. 1320, 1336.

شرف نامه فى اللغات ‏P. 1388.

الشعر والشعرا ‏A. 5895.

شفا فى تعريف حقوق المصطفى ‏A. 6083.

شفا المومن ‏A. 6055, 7.

شفيق نامه ‏T. 1102.

شقايق النعمانية فى علما الدولة العثمانية ‏A. 5945, 5981, 5991; T. 1050, 1059.

شمايل النبى ‏A. 5971.

شهنامه آل عثمان ‏T. 1149, 3.

ص

صفات العاشقين ‏P. 1428.

صفة جزيرة العرب ‏A. 5822.

صندوقة المعارف ‏A. 6044, 3.

صورت كتب كتابخانه امام قولى ميرزا ‏P. 1538.

صورت مكاتب ‏T. 1026.

ط

طالع مولود فلان ‏P. 1488, 2.

طبقات الحفاظ ‏A. 6037.

طبقات الفقها ‏A. 5896, 1; 6084, 11.

طبقات الكبير ‏A. 5951.

طبقات المشايخ ‏A. 5904.

سفينة الروسا ‏T. 1082.

سلجوق نامه ‏P. 1536.

سلسلة نامه خواجكان نقشبند ‏P. 1418, 1517.

سلسلة النور ‏T. 1076.

سلطان عارفين كتاب ‏T. 1007.

سليم نامه ‏T. 1143, 1166.

سياست الملوك ‏T. 1120, 2.

سياست نامه ‏P. 1571.

السياسة والامامة ‏A. 6006.

سير الملوك ‏P. 1571.

سيرة الجراكسة وما وقع بينهم مع السلطان سليم ‏A. 5818, 1.

ش

شاه نامه ‏P. 1307; T. 1010.

شاه و درويش ‏P. 1308, 1412, 1519.

شاه و كدا ‏P. 1308; T. 1139, 1; 1173.

شبستان نكات و كلستان لغات ‏P. 1432, 1.

شرح ابيات كليلة ودمنة ‏P. 1442.

شرح احوال ناصرى خسرو ‏P. 1578.

شرح دعا باد سرح ‏P. 1356, 2.

شرح الصدور بشرح حال الموتى والقبور ‏A. 5979.

شرح قصايد انورى ‏P. 1383, 1524.

شرح قصيدة دعد ‏A. 6044, 2.

شرح الكافية ‏A. 6059.

شرح لامية العجم ‏A. 6044, 1.

شرح المعلقات ‏A. 6022.

شرح النبذة السنية فى الزيارات الشامية ‏A. 6007.

فى تحقيق ما للهند من مقولة مقبولة فى العقل A. 6080.

فى خلقة ادم A. 5880.

فى علم الامراض واسبابها واغراضها وعلاجها A. 5923.

فيه الاسما الحسنى وادعية A. 6971.

ق

قدسية حضرت شيخ زوربهان P. 1356, 6.

القران A. 5816, 5839-5841, 5844-5846, 5848, 5850, 5924, 5925, 5935, 5940, 5949, 6002, 6004, 6041, 6055, 1; 6073, 6079, 1 et 3; 6082, 6087, 6088, 6089; T. 1019, 2 et 5.

القرب فى محبة العرب A. 5886.

قرة العيون باخبار اليمن الميمون A. 5821, 6058.

قصايد انورى (شرح) P. 1524.

القصد والامم فى التعريف باصول انساب العرب والعجم A. 6039.

قصص الانبيا P. 1313; T. 987, 1006, 1012.

قصه سلطان اسكندر P. 1568, 2.

قصه سلطان جمجمه T. 973, 2.

قصه سيف الملوك وبديع الجمال T. 998.

قصه شيخ سنعان T. 978, 1.

قصه فيروز شاه P. 1520.

قصه كام روپ ولتاكام P. 1569.

قصه ليلة ومجنون T. 973, 2.

قصه محمود واياز P. 1414.

القصيده الامالية فى العقايد A. 6084, 1.

قصيدة بديعة فى الصناعة الشعرية A. 1405, 4.

قصيدة جزرية A. 6084, 6 et 7.

قصيده ربوبية P. 1517.

قصيده فخر الدين ابراهيم P. 1398, 6.

قصيدة فى امتداح العنب A. 5955, 2.

قصيدة ناصحة A. 6012.

قلندر نامه P. 1511.

قواعد فوايد الفرس P. 1432, 4.

قوس نامه صلاح وسلاح T. 1101, 1.

القول المستطرف فى سفر السلطان الملك الاشرف A. 5918.

ك

كار نامه خواجه جبريل بختيشوع P. 1406, 3.

الكافية A. 6059.

كامل فى التاريخ A. 5856, 5910, 5911.

كشف الصلصلة عن وصف الزلزلة A. 5929.

الكفاية فى علم الهيئة P. 1306.

كفاية فى الكناية A. 5934, 2.

كفايةً مجاهدى P. 1497.

كفايةً منصورى P. 1497.

كلمات خواجه عبد الله انصارى P. 1415, 3.

كليات اسماعيل P. 1312.

كليات سعدى P. 1357.

مدخل الكبير فى علم احكام النجوم A. 5902.

مرات الجنان فى عبرة اليقظان فى معرفة حوادث الزمان A. 5952.

مرات الزمان فى تاريخ الاعيان A. 5866, 5903.

مرات العشاق T. 1069.

مرات الصفا T. 1116, 2.

مرات الممالك T. 1148, 1168.

مراد نامه T. 1140.

مرثيه مولانا جامى T. 976, 2.

مرزبان نامه P. 1371.

مرشد المحاسبين P. 1372, 2.

مرقعه A. 6074, 6075-6078, 6081, P. 1403, 1572.

مروج الذهب ومعادن الجوهر A. 5854.

المسالك و الممالك P. 1527.

مسالك و ممالك P. 1461, 2.

مسالك الابصار فى ممالك والامصار A. 5867, 5868.

مستقصى فى فضايل المسجد الاقصى A. 6035.

مسير بخارا P. 1346.

مشاهير الشعرا T. 1077.

مصابيح السنة A. 5947.

مصادر A. 6045.

مصباح الهداية و مفتاح الكفاية P. 1433.

مصبت نامه P. 1429, 1, 1491.

مصطبه خراب P. 1501.

معارج النبوة فى مدارج النبوة P. 1323.

معجم فى آثار ملوك العجم P. 1359.

معرفة العقل بالاصطرلاب A. 5972, 2.

معماى مير حسين P. 1453, 1.

معيد النعم ومبيد النقم A. 5885.

المغرب فى اللغة A. 5875.

مغيث الخلق فى اختيار الاحق A. 5896, 2.

مفتاح الجنان T. 957, 992.

مفتاح جنت T. 1165, 4.

مفتاح السعادة ومصباح السياسة فى موضوعات العلوم A. 5948.

مقادر اجرام و ابعاد سماويات ارضى T. 1150.

مقالات خواجه عبد الله انصارى P. 1356, 11.

مقالة محاصره قارص T. 1094.

مقامات حريرى A. 5847.

مقامات هميدى P. 1447.

مقدمه فى التاريخ T. 1080.

مقدمه فى النحو A. 5877.

ملفوظات امير صاحبقران P. 1493.

الملل والنحل A. 6001.

الممالك والمسالك A. 5905.

مناجات حضرت سلطان بايزيد بسطامى T. 1016, 4.

مناجات خواجه عبد الله انصارى P. 1358, 1451, 1471.

منازل السائرين A. 6084, 3, 5 et 8.

مناقب العلما T. 1159.

مناقب هنروران T. 1162.

منتخب تواريخ سلاجقه T. 1182.

منتخب خمسه خسرو دهلوى T. 1003, 3.

منتخب خمسه المتخيرين T. 1003, 4.

ه

الهادى الشادى   A. 6066.

هدية المحبين فى اذكار والادعية   A. 5892.

هشت بهشت   P. 1558.

هفت پيكر   P. 1303.

و

الواقى بالوفيات   A. 5860.

الوجه الجميل من علم الخليل   A. 5817.

وزارت نامه   T. 1125.

وصيت نامه   T. 958, 2.

وفيات الاعيان فى انبا ابنا الزمان   A. 5873.

وقايع نامه سور همايون   T. 1045.

وقايع نعمت خان على   P. 1421.

وقعة سلطان مصطفى در ادرنه   A. 6053.

وقفية   T. 1048.

پند نامه, *voir* وليد نامه

ويس و رامين   P. 1380.

ي

يتضمن من ابواب العمل بالاصطرلاب   A. 5972, 3.

يشتمل على نسب الجراكسة من قريش وهم من سلالة اسماعيل   A. 6015.

يوسف و زليخا لفردوسى   P. 1360.

يوسف و زليخا لحمد الله   T. 1103.

ERRATA

Le manuscrit Suppl. Persan 1433 (Schefer, P. 125) est une traduction arrangée de l'*Avarif el-Méarif* de Sohraverdi, divisée en dix *bâbs* et exécutée par un nommé Mahmoud ibn Ali Kasbani, sur le désir de ses amis qui ne savaient point l'arabe.

INDEX ALPHABÉTIQUE DES NOMS D'AUTEURS[1]

1. Les numéros indiqués après les lettres A, P, T, désignent ceux que portent les manuscrits dans le nouveau classement dans les fonds *Arabe*, *Supplément Persan* et *Supplément Turc* : voir p. 205.

Fakhr ed-Din Ibrahim Iraki, P. 1398.
Fakhr ed Din Mohammed ibn Ahmed Razi, P. 1395.
Fakhri,T 977.
Fakhri ibn Vali el-Boursévi, A. 6074.
Fanari, *voir* Mir Ali Shir.
Fanari Mohammed Efendi, T. 1055.
Fani, *voir* Mir Ali Shir.
Abou 'l-Faradj Kodama ibn Djaafer el-Katib el-Bagdadi, A. 5907.
Abou 'l-Fath Mohammed ibn Abd el-Kérim el-Shehristani, A. 6001.
Abou 'l-Fazl, *voir* Abou 'l-Fadl.
Abou 'l-Féda, *voir* Mélik el-Mouvayyad. A. 6059.
Feïz Allah Lutfi Efendi, T. 1068.
Férid ed-Din Attar, *voir* Mohammed ibn Ibrahim.
Férishta Oghlou, T. 1161.
Feth Ali Shah Kadjar, P. 1339.
Fighani, P. 1355.
Firdousi, P. 1307, 1360, 1541.
Firouzabadi, *voir* Abou Ishak Ibrahim.
Fouzouli, *voir* Mohammed ibn Soleiman.

G

Ghani Zadëh Efendi, T. 1035.
Ghannayi, P. 1370.
Ghazan Khan, P. 1561.
Abou 'l-Ghazi Seyyid Mohammed Ali Béhadour Khan, P. 1446.
Abou 'l-Ghazi Sultan Hoseïn Baïkara, T. 993, 1003.
Ghazzali, *voir* Abou Hamid Mohammed.
Ghyas ed-Din, T. 1169.
Ghyas ed-Din Halvai, P. 1485.
Ghyas ed-Din Mohammed ibn Hosam ed-Din, P. 1322.
Grégoire (Saint), A. 5969.
Guéda, T. 981.

H

Hadji Khalifa, T. 1132, 1149.
Hadji Zeïn el-Attar, *voir* Ali ibn Hoseïn.
Hafiz, P. 1309, 1425, 1473, 1477.
Hafiz Abrou, P. 1306.
Haïder Telbèh, *voir* Mir Haïder.

Hakim Sénai, *voir* Abou 'l-Medjd Medjdoud.
Haléti, T. 1035.
Halim Ghirai Khan ibn Shahbaz Ghirai Khan, T. 1116.
Hamadani, P. 1356.
Hamd Allah ibn Akshems ed-Din, T. 1103.
Hamd Allah ibn Abou Bekr ibn Nasr Mostaufi Kazwini, P. 1438, 1440.
Hamid ed-Din Abou Bekr ibn Omar ibn Mahmoud el-Balkhi el-Hamidi, P. 1447.
Abou-Hamid Mohammed ibn Mohammed el-Ghazzali el-Tousi, A. 5992; P. 1356, 1392.
Hanif Isfahani (Seyyid), P. 1435.
Hannalzadèh Hasan Tchélébi, T. 1125.
El-Harida, A. 5891.
Hariri, *voir* Abou Mohammed el-Kasem.
Abou 'l Hasan, A. 6084; P. 1524.
Hasan ibn Abd Allah, A. 5980.
Hasan Agha, T. 1089.
Abou 'l-Hasan Ala ed-Din Ali ibn Abou 'l-Hazm el-Kourashi Ibn el-Néfis, A. 6005.
Abou 'l-Hasan Ali ibn Hoseïn ibn Ali, A. 5854.
Abou 'l-Hasan Ali ibn Abou Bekr el-Hérévi, A. 5975.
Hasan Beg ibn Emir Sultan Roumlou. P. 1350.
Hasan Dehlévi, *voir* Nedjm ed-Din.
Abou 'l-Hasan Goushyar ibn Liyyan el-Bashiri el-Djabali, P. 1372.
Abou 'l Hasan ci-Hoseïni el-Isfahani, P. 1459.
Hasan Kafi el-Bosnévi Akhisari, T. 1133.
Hasan ibn Mohammed el-Bourini, A. 5906.
Hasan ibn Mohammed Shéref Rami, P. 1406.
Abou 'l-Hasan el-Roudegi, P. 1529.
Abou 'l- Hasan Saïd ibn Hibet Allah ibn Hasan el-Tébib, A. 5923.
Abou 'l-Hasan Saïd ibn Ali Djourdjani, P. 1461, 1527.
Hasan Tchélébi ibn Ali ibn Amr Allah Kinali Zadèh, T. 1145, 1167.
Abou 'l-Hasan Thahir ibn Ahmed ibn Babishad, *A.* 5877.

Abou Mohammed el-Kasem ibn Ali ibn Mohammed el-Hariri, A. 5847.

Mohammed Kasim ibn Hadji Mohammed Kashani Sorouri, P. 1422.

Mohammed ibn Khavendshah ibn Mahmoud Mirkhond, P. 1567.

Abou Mohammed Mahmoud Ahmed Aïni, A. 5818.

Mohammed ibn Mansour Kémal ed-Dauléh, P. 1372.

Mohammed Masoud el-Masoudi, P. 1306.

Mohammed Mehdi Khan, T. 1000.

Mohammed ibn Mohammed Edirnévi Djennabi, T. 1022.

Mohammed Mounshi, T. 1170.

Mohammed Mourad, P. 1569.

Mohammed Nishandji, T. 1131.

Mohammed Rida Névi Khaboushani, P. 1366.

Mohammed Saïd, A. 6007.

Mohammed Sadik el-Mausévi, P. 1374.

Mohammed Sadik Mervézi (Mirza), P. 1311.

Mohammed Shéfik Efendi, T. 1102.

Mohammed Shems ed-Din ibn Mohammed el-Yaghmouri, A. 6011.

Mohammed Shirin Maghrébi, P. 1525.

Mohammed Sinan ed-Din Yousouf, T. 1159.

Mohammed ibn Soleïman ibn Abd er-Rahman Nahifi, T. 1033.

Mohammed ibn Soleïman Fouzouli, T. 1088.

Mohammed Tauki, T. 1131.

Mohammed Yousouf ibn Hosein Khan, P. 1461.

Mohammed Zaher Nasirabadi, P. 1505.

Mohammed el-Zanbali el-Rammal, A. 5818.

Mohyi ed-Din Mohammed ibn Ali ibn el-Arabi, A. 5917.

Mohyi Lari, P. 1389.

Moïn ed-Din Ali Yezdi, P. 1316.

Moïn ed-Din Mohammed Esfizari, P. 1444.

Abou Moïn ed-Din Nasir-i Khosrau, P. 1318, 1398, 1417, 1544, 1545.

Moïn ibn Hadji Ahmed el-Férahi, P. 1323.

Moudjir ed-Din Abou 'l-Yémin Abd er-Rahman el-Alimi, A. 5998.

Moumin Zadeh, T. 1071.

Mourad, fils de Mohammed III (Sultan), T. 1030.

Mouradi, T. 1030.

Mouslih ed-Din Moustafa ibn Shems ed-Din Karahissari, A. 5880.

Mouslim ibn Lahdji, A. 5982.

Moustafa ibn Abd Allah, *voir* Hadji Khalifa.

Moustafa ibn Ahmed Ali, T. 1028.

Moustafa ibn Ali el-Asiri, A. 6048.

Moustafa Ali Tchélébi Deflerdar, T. 1162.

Moustafa Rasikh Efendi, T. 1025.

Moustafa Zéki el-Istanbouli, T. 1150.

Moustakim Zadèh, Moustakim Efendi Zadèh, T. 1097, 1118.

Mouvaffik ed-Din Ahmed ibn el-Kasim el-Khazradji el-Saadi Ibn Ali Osaïbia, A. 5939.

Abou 'l-Mozaffer Yousouf ibn Kizoghlou, A. 5866.

Mustafa, *voir* Moustafa.

N

Nabi Efendi, T. 1165.

Nabigha Dobyani, A. 5883, 2.

Nadéri Efendi, T. 1035.

Nadir Shah, P. 1435.

Nafis ibn Aoudh ibn Hakim Kermani, A. 5869.

Naïb Efendi, A. 6053, 2.

Nami, *voir* Mohammed Sadik.

Nasir, H. 1473.

Nasir ed-Din Bokhari, P. 1469.

Nasir ed-Din Mohammed ibn Izz ed-Din Abd er-Rahim Ibn el-Forat, A. 5991.

Nasir ed-Din Mounshi, P. 1337.

Nasir ed-Din Obeïd Allah, P. 1335.

Nasir ed-Din Abou Saïd Abd Allah el-Beïdhawi, P. 1362, 1518; T. 1066.

Nasir ed-Din Yahya ibn Bibi, P. 1356.

Nasiri, P. 1355.

Nasiri Khosrau, *voir* Abou Moïn ed-Din.

Abou 'l-Nasr ibn Abd el-Djebbar Otbi, A. 5978; P. 1564.

Abou 'l-Nasr Ahmed ibn Mohammed el-Meïdani el-Nishapouri, A. 5983, 1.